Salvo Denaro

Come Risparmiare da Formica € Vivere da Cicala

16 Spunti Utili per Risparmiare e fare ciò che ti rende Felice

Indice dei Contenuti:

Spunto #1: Controlla i tuoi flussi

Spunto #2: Sistemi per dividere in categorie

Metodo dei 6 Barattoli di T.Harv Eker

Spunto #3: Legge di Pareto 80/20
    Come sfruttare l'effetto leva per vedere risultati sbalorditivi

Spunto #4: Risparmia PRIMA di Spendere
    Risparmia quello che ti serve e spendi quello che resta

Spunto #5: Perché fatichiamo a risparmiare?
    La mia personale spiegazione Antropologica

Spunto #6: Come creare un Risparmio col Pilota Automatico?
    Come ingannare noi stessi pur sapendolo!

Spunto #7: Strategie Pratiche per Risparmiare
    Strategie per Risparmiare sulle spese Fondamentali
    Strategie per Risparmiare sulle spese Extra/Svago
    Strategie per Risparmiare sulle spese di Formazione

Spunto #8: L'importanza dell'Investimento come Abitudine
    Una buona abitudine per tutta la Vita!

Spunto #9: Inflazione: una corsa senza fine
    Lei non si ferma mai e tu?

Spunto #10: Moltiplica le Tue Fonti di reddito
    Una sola grande fonte o meglio tante piccole fonti?

Spunto #11: Come mettere il Pilota Automatico al Risparmio
    Imposta un sistema che risparmia al posto Tuo!

Spunto #12: Come l'Educazione Finanziaria può cambiare la Tua Vita!
    Scopri la differenza tra Sopravvivere e Vivere

Spunto #13: Più organizzo = Più Risparmio?
    Ecco cosa può cambiare l'organizzazione!

Spunto #14: Quali sono i Conti a 0 Spese migliori?
    Quale conto corrente scegliere?

Spunto #15: Quali sono le App migliori per risparmiare?
    Applicazioni per tracciare uscite ed entrate:

Spunto #16: Strategie finali
    Come avere Cashback ed investimento istantaneo immediato?

Conclusioni

1. Controlla i tuoi flussi

"Il segreto del successo sta nell'imparare ad usare il dolore e il piacere invece di lasciare che il dolore e il piacere usino te. Se non lo fai tu, sarà la vita a controllarti."
Anthony Robbins

Dove finisce il tuo denaro?

Sapere da dove provengono i nostri incassi e soprattutto dove finiscono è fondamentale ed è il primo passo per poter costruire abitudini solide dalle quali poter risparmiare, in modo continuo e per tutta la vita, prezioso denaro da poter poi reinvestire o utilizzare per quello che più ci dà soddisfazione e gioia.

Si possono utilizzare fogli di calcolo (per esempio con l'utilizzo di Excel o dei documenti di Google Office) per tenere traccia delle entrate e delle uscite, oppure esistono una marea di applicazioni per cellulare che possono essere di grande aiuto per questo compito fondamentale.
La sento già quella timida protesta serpeggiare nella tua testa: *"Ma cosa vuoi che sia se non segno che prendo il caffè o la brioches o il pacchetto di sigarette quella volta al giorno?"*, bene lasciami fare giusto 2 esempi veloci utilizzando la matematica elementare.

"Un caffè e brioche al giorno" = min. 2€ - MAX. 5€
"Un pacchetto di sigarette al giorno" = min. 4€ - MAX 6€

Moltiplichiamo tutto questo per 20gg lavorativi e poi per 12 mesi, qual è il risultato?

"Un caffè e brioche al giorno" = min. 480€ - MAX. 1200€ all'anno
"Un pacchetto di sigarette al giorno" = min. 960€ - MAX. 1440€ all'anno

Io non so e non posso sapere esattamente quanto sia il tuo guadagno mensile ma ad occhio e croce posso dire con tutta sicurezza che le cifre di questi esempi possono corrispondere ad una 13a mensilità nel caso tu sia un lavoratore dipendente e tutto questo senza che tu, finora, te ne sia nemmeno reso conto perchè non hai ancora iniziato a tracciare il flusso del denaro che entra ogni mese dalle tue tasche ed esce, come a tutti noi, ad una velocità ben più rapida.

Per fortuna esistono rimedi e strategie psicologiche ben mirate per impedire o limitare al minimo che i soldi guadagnati svaniscano in un lampo e questo libro è stato scritto né da un ultra milionario né da un super guru della finanza personale, ma da una persona che, come te, si è trovata più volte a dover fare di necessità virtù e fronteggiare spese impreviste e indispensabili (ne parlerò meglio nei prossimi capitoli).

Per ora ti sarà sufficiente sapere che, purtroppo per noi, le nostre abitudini di consumatori e il nostro cervello da cavernicoli ci remano contro.

Se le nostre intenzioni sono di risparmiare e mantenere la lucidità necessaria per reinvestire i soldi che risparmiamo , la strada sarà piena di ostacoli.
Niente di fatale ma bisogna sapere come destreggiarsi.

Chiaramente non ti sto chiedendo di credermi senza mettere un minimo in dubbio quanto ti scrivo ma, anzi, ti sprono a mettere alla prova tutti i consigli e le strategie che andrai a leggere nei prossimi capitoli.

Tutto questo per almeno 2 motivi:

1. **Motivo Sfidante:**
   è bello mettere un pizzico di pepe nella propria esistenza ogni tanto e quale miglior occasione di comprare un ebook (dal costo inferiore ai 10€) e cercare il pelo nell'uovo e poter commentare ricchi di fierezza i difetti tra le recensioni su Amazon? :)
   Nessun problema, amici come prima visto che posso migliorare grazie ai tuoi feedback.

2. **Motivo Didattico:**
   è indispensabile che tu faccia qualcosa di diverso per ottenere risultati diversi e migliori degli attuali per cambiare la tua situazione.
   Se hai deciso di comprare questo ebook vuol dire che non ti soddisfa la tua attuale capacità di risparmiare o che sei già sulla buona strada ma vorresti conferme o spunti nuovi per migliorare sempre di più.

Sia in un caso che nell'altro ti invito a mettere alla prova quanto andrò a snocciolare in questo ebook e avere un tuo parere con una recensione (positiva o negativa) per avere spunti per poter migliorare io stesso con prossime edizioni o prossimi libri sull'argomento.

2. Sistemi per dividere in categorie

"La semplicità è la suprema sofisticazione."
Leonardo da Vinci

La semplicità premia più della perfezione assoluta!

Potrà sembrarti controcorrente come concetto ma sono profondamente convinto che la semplicità sia mille volte meglio della perfezione o la ricerca della perfezione assoluta.

"E perchè?"

Perchè regole semplici, ben definite e chiare sono più comprensibili e applicabili fin da subito rispetto a regole che in teoria sono "Perfette" ma che sono di difficilissima comprensione e ancor più complicata applicabilità.

Un esempio molto semplice? La situazione COVID-19.

Quante volte hai detto *"Ma chi le capisce le regole della zona Gialla/Rossa/Lilla/Arcobaleno ecc ecc!"*?
Per non parlare di cosa bisogna fare per minimizzare i contagi, a seconda dei periodi ci è stato detto tutto e il contrario di tutto,

siamo passati da un sindaco lombardo che raccomandava l'uso anche solo di sciarpe o foulard come mascherine al totale inutilizzo di mascherine nei periodi estivi o nei locali di movida come se il virus capisse se è estate, inverno o se è orario di aperitivo o altro.

Evito di impegolarmi in discorsi in merito alla virologia sia per assenza di competenze e sia perché questo libro non è certo incentrato su questo argomento (anche se sto scrivendo queste pagine proprio in un periodo forzato di isolamento per la positività di componenti della mia famiglia...cerco di evitare il bivacco da isolamento nel quale potrei benissimo cadere vittima) :D.

Tornando a noi è meglio aver ben chiare nella testa poche strategie, il più semplici possibili, per poterle mettere in pratica fin da subito e poter vedere in tempi brevi i risultati e poter correggere il tiro in caso di errori o non raggiungimenti dell'obiettivo che ci eravamo prefissati.

Quindi?
Quindi ecco una strategia Super Pratica e Smart!

Metodo dei 6 Barattoli di T.Harv Eker

1. ## Primo Barattolo: NECESSITÀ (55%)

   In questo barattolo rientrano tutte le spese Indispensabili che non puoi rimandare per nessun motivo (esempio Affitto, Mutuo, spese alimentari, bollette, spese mediche urgenti)

2. ## Secondo Barattolo: LIBERTÀ FINANZIARIA (10%)

   In questo barattolo rientra il denaro destinato a creare sicurezza e indipendenza economica durature nel tempo tramite investimenti con interesse composto

3. ## Terzo Barattolo: SPESE LUNGO TERMINE (10%)

   In questo barattolo rientrano i risparmi per spese previste ma che sono annuali o con cadenze più lunghe (esempio assicurazione dell'auto, manutenzione dell'auto, cambio auto, viaggi futuri, spese universitarie per i figli)

4. Quarto Barattolo: SVAGO E DIVERTIMENTO (10%)

In questo barattolo rientrano tutti i soldi che si DEVONO obbligatoriamente spendere ogni mese per poter evitare senso di frustrazione, privazione e scarsità.

Il "devono" è d'obbligo ed è lungimirante per poter evitare "Abbuffate" per i periodi in cui si è sofferto per aver tanto risparmiato.

Questo contenitore è perfetto per portare equilibrio nelle abitudini di persone spendaccione o col braccino sempre troppo corto.

5. Quinto Barattolo: FORMAZIONE (10%)

In questo barattolo rientrano i soldi da dedicare in libri, corsi in presenza o a distanza per poter aumentare le proprie competenze in uno o più campi specifici.

Questo contribuirà, negli anni, ad avere maggiori entrate o saper gestire sempre meglio i soldi risparmiati.

L'acquisto di questo ebook che stai leggendo può entrare di diritto in questo barattolo! :D

6. Sesto Barattolo: BENEFICIENZA (5%)

In questo barattolo rientrano i soldi che possiamo restituire alla società come ringraziamento e per poter dare il nostro personale contributo ad aiutare giuste cause nel mondo.

In caso di ristrettezze economiche può benissimo essere scambiato con un equivalente tempo da dedicare in volontariato.

Ponendo per esempio 10€/h come nostra paga, dedicare 1h a settimana in una qualche attività di volontariato può totalizzare ben 520€ donati in un anno ad un ente bisognoso del nostro aiuto, oltre al fatto che si ha modo di ampliare la propria rete di amicizie.

Questo che ti ho illustrato è solo uno dei metodi che puoi utilizzare per poter dividere in categorie i soldi dei quali ogni mese/anno disponi e potrei mostrartene altri che sarebbero variazioni di questo.

Quello che mi interessa trasmettere è il concetto principale che è apparentemente nascosto dietro ognuno di questi metodi.
Il concetto principale è che ognuno dei metodi propone delle percentuali o delle suddivisioni più o meno fisse e rigide per poter standardizzare quanto più possibile la gestione del denaro.
E questo perché?

Ancora una volta, perché questa suddivisione permette di agire nel più facile dei modi e mantenere questo tipo di abitudini.
Addirittura tutto questo è così semplice che si può "delegare" la suddivisione ad app per smartphone o servizi che gestiscono il denaro seguendo le regole che noi diamo.
Non è fantastico tutto questo?

Te ne cito solo alcuni con relativo link per poterti informare meglio e registrarti:

1. Gimme5 (https://www.gimme5.app)
2. Satispay (https://tiny.one/satispay)
3. Oval (https://ovalmoney.com/it/)
4. Conto Revolut (https://tiny.one/promo-revolut)
5. Conto N26 (https://tiny.one/conto-n26)

Le prime 3 app ti permettono di destinare parte dei tuoi soldi ogni mese da poter investire in automatico o mettere semplicemente da parte.

Negli ultimi due che ti ho proposto si tratta di carte con IBAN (veri e propri conti correnti) che ti permettono di creare contenitori per accantonare soldi per vari motivi (nel nostro caso per categorizzare andrà benissimo).

Chiaramente puoi usarli come tuoi conti nel quale far accreditare lo stipendio o i pagamenti per poter poi suddividere al meglio i soldi, oppure puoi attivare un bonifico ricorrente dal tuo conto principale (quello nel quale viene accreditato lo stipendio e/o i pagamenti) verso questi conti.

Per trasparenza ti dico che alcuni dei link che trovi nell'elenco sono referral link (grazie a questi link potrai ricevere vantaggi se ti registri e una piccola parte li riceverò anche io senza toglierti nulla).

3. Legge di Pareto 80/20

> *"Datemi un punto di appoggio e vi solleverò il mondo."*
>
> <u>Archimede</u>

Come sfruttare l'effetto leva per vedere risultati sbalorditivi

Se ancora non conosci la Legge di Pareto (nota anche come legge 80/20) ti invito ad approfondire al link https://tiny.one/pareto. Non è indispensabile approfondire ogni aspetto di questa legge per poterla sfruttare a nostro vantaggio.

Ti è sufficiente sapere che, tramite varie osservazioni di questo economista italiano (Vilfredo Pareto), si è notato che la maggior parte (circa l'80%) della ricchezza è detenuta da una minoranza (circa il 20%) della popolazione.

Questo tipo di correlazione è osservabile con percentuali un pochino diverse (esempio 90/10 o 85/15) in molti altri casi come per esempio l'80% dei risultati che sono ottenibili dal 20% delle azioni.

"Quindi tutto questo a che mi serve??"

Questo ci può essere utile per risparmiare perchè, una volta che abbiamo imparato a tracciare le nostre spese in modo scrupoloso e siamo riusciti ad impostare delle percentuali e/o categorie di spesa (chiamato anche Budgeting), possiamo trovare quali sono le spese e le entrate che corrispondono alla maggior parte e sono generate da una minoranza di cause.

Riuscendo ad abbassare queste spese o ad aumentare queste entrate, ecco che realizzeremo un bel risparmio.

Non necessariamente il risparmio deve solo corrispondere ad un risparmio di denaro, ma potremmo benissimo analizzare i dati e capire quali sono le azioni che, da sole, generano la maggior parte dei nostri guadagni e ignorare tutto il resto per risparmiare tempo e fatica da poter magari reinvestire per aumentare i nostri guadagni.

"Ok, FANTASTICO! Ma quindi in pratica che devo fare?"

In pratica si può agire con un piano ben strutturato in 5 passi:

1. Tracciare tutte le spese e le entrate per un periodo significativo categorizzando (perfetto sarebbe avere un tracciamento di almeno un anno ma immagino la tua impazienza nel voler agire e potrebbero bastare 2 o 3 Mesi)

2. Esportare il tracciamento in un formato utilizzabile con programmi di elaborazione fogli di calcolo (esempio Excel, Google Fogli)

3. Creare uno più diagrammi grafici con percentuali sia per le spese sia per le entrate

4. Individuare le categorie con un peso maggiore (arrivare almeno ad un 80% con la somma di meno categorie possibili)

5. Iniziare a cercare alternative ad un costo inferiore o una resa maggiore per le spese delle categorie individuate

Arrivati a questo punto vi servirà aver ben chiaro nella vostra mente quali sono le vostre priorità di spesa (non per niente nel capitolo precedente abbiamo parlato di percentuali e categorie di spesa), queste categorie di spesa e percentuali vi guideranno in quello che è il peso che date ai soldi che escono ogni mese dalle vostre tasche.

Se dopo aver seguito i 5 passi appena elencati risulta che la categoria "spese indispensabili" risulta essere la sola che incide per l'80% ci sono due possibili spiegazioni:

1. Fate rientrare in spese indispensabili alcune spese che non lo sono veramente (uscire fuori a cena o comprare un cellulare da 1300€ non rientra tra queste...mi spiace) ➡ dovete riguardare il vostro tracciamento e mettere nelle giuste categorie le spese

2. Avete tracciato tutto in modo corretto e attualmente le "spese indispensabili" occupano la fetta più grande di tutte le voci di spesa ➡ cercherete prodotti alternativi (per esempio generi alimentari meno costosi degli attuali, altri fornitori di luce/gas) oppure cercherete strategie per aumentare la resa e la durata dei prodotti che attualmente comprate (per esempio libri di ricette per sfruttare al meglio i cibi che già comprate preparando piatti più sazianti o strategie di risparmio energetico per limitare i consumi di luce e gas).

Potrai trovare strategie pratiche con un elenco in un capitolo dedicato, ma voglio che ti sia chiaro che abbassando anche di poco (per esempio un 10%) le spese nella categoria (o categorie) che occupano la fetta principale riuscirai a ridimensionare le tue uscite abbassandole e permettendoti di ottenere un risparmio super significativo.

Chiaramente servirà pratica e vari tentativi per adeguare le strategie che troverei nel capitolo al tuo stile di vita e potresti persino trovarne di tue personali durante questi tentativi ed errori che magari funzionano meglio per te o la tua famiglia.

4. Risparmia PRIMA di Spendere

"Una parte di ciò che guadagni è tua e la devi conservare, può essere molto di più di quello che ti puoi permettere. Paga te stesso per primo."

<u>George Clason</u>

Risparmia quello che ti serve e spendi quello che resta

Ti sei mai chiesto *"Ma perchè mi rimane così poco denaro alla fine del mese?"* oppure *"Ma perchè mi rimangono così tanti giorni finito il denaro?"* :D

Un cambio di prospettiva mi ha aiutato molto a risolvere la situazione e iniziare a risparmiare in modo incessante ogni sacrosanto mese nonostante gli imprevisti da quando siamo in 4 in famiglia (più un gatto e una cagnolina).

"E come hai fatto? Qual è questo cambio di prospettiva?"

Se proprio insisti te lo dico dai, facciamo finta che tu abbia comprato questo libro per trovare qualche spunto per aumentare la tua capacità di risparmiare!

Parto con una domanda!

Immagina di aver fatto i tuoi calcoli ed aver trovato una cifra **'X'** di € che sarebbe perfetta da risparmiare ogni mese per poter poi investirla o metterla da parte per spese importanti future. Immaginato?

Ok!
Ora ti chiedo una cosa, qual è secondo te il momento migliore durante il mese di accantonare questa cifra?

1. All'inizio o il giorno stesso in cui arriva lo stipendio o il pagamento per il tuo lavoro

2. Durante il mese così da poter "passare" la cifra risparmiata come una delle varie spese del mese

3. Alla fine del mese con i soldi rimasti dopo aver pagato tutte le varie spese

La risposta corretta te la darò solo nel 10 capitolo, ma nel frattempo ti invito caldamente a riflettere bene sul grado di facilità sia pratica che mentale nel riuscire ad accantonare una somma 'X' nei 3 momenti diversi del mese.

5. Perché fatichiamo a risparmiare?

"La pigrizia cammina così lenta che la povertà non fa grande fatica a raggiungerlo."

<u>Confucio</u>

La mia personale spiegazione Antropologica

Come da titolo ecco un'altra domanda sentita tante e tantissime volte!
Personalmente ho cercato di darmi una spiegazione Antropologica scomodando quelle che idealmente potrebbero essere state le abitudini dei nostri antenati quando non c'era una continua e persistente disponibilità di cibo, vestiti, comodità, sicurezza personale e prospettive future migliori.

Fino ad un certo punto della storia, i nostri antenati erano cacciatori e raccoglitori e dovevano obbligatoriamente arrangiarsi ogni giorno per trovare cibo, riparo, sopravvivere dagli attacchi di qualche predatore e portare avanti la specie avendo cura dei propri figli e componenti della propria cerchia stretta.

Se con queste situazioni avverse ci si trovasse una enorme preda o un enorme quantità di cibo a disposizione, immagino che non avrebbero pensato nemmeno un secondo a quanto è importante mantenersi in forma evitando abbuffate o stare alla larga da cibi grassi o ad alto contenuto calorico.

Non per niente, tutt'ora, il nostro organismo è molto bravo a fare scorta di energia in più trasformandola prevalentemente in grasso ma ha bisogno di molto tempo e stimoli ben calibrati prima di disfarsi di queste scorte di energia che a noi esteticamente non piacciono.

Allo stesso modo credo che il nostro cervello sia programmato a godere quanto più possibile nel momento presente di tutto quello che il nostro mondo consumistico ha da offrire senza preoccuparci di debiti, interessi della carta di credito da pagare o di quanti altri giorni mancano all'arrivo delle nostre prossime entrate.

Ci sono momenti in cui anche uno sturalavandini figo e di un colore sgargiante ti può sembrare improvvisamente un acquisto indispensabile per la tua dimora e che non può mancare perchè "non si sa mai" che si instasi un tubo o serva sgorgarlo.
Tralasci tranquillamente il fatto che quello strumento normalmente costi 4/5€ perchè quello che tu hai visto ha 3.000 recensioni a 4 stelle e mezzo su Amazon, è Blu elettrico, ha una forma strana e costa 20€.

Nella descrizione ti dicono che è 100 volte più potente degli sturalavandini classici quindi capisci che è un vero affare.
D'altra parte se moltiplichi 5€ x 100 il risultato è 500€ mentre questo ti **costa SOLO 20€!!**

C'è un piccolo dettaglio!

Quello strumento Può esserti utile e Può anche esserti indispensabile (per esempio se hai lavandino, WC, e chissà che altro intasato) ma è praticamente impossibile che lo sia in questo preciso istante o nell'istante in cui cerchi cose a caso su Amazon in attesa di ispirazione.

Purtroppo o per fortuna, il marketing è uno strumento potentissimo e permette di evidenziare bisogni che le persone non sapevano nemmeno di avere.
Situazioni del genere sono quanto di più lontano dal risparmio e dalla riflessione nelle spese che si intende fare con un minimo di criterio.

Proprio per questa "tara" che tutti noi abbiamo, ritengo sia indispensabile trovare strategie nelle quali non dobbiamo impiegare sforzo e grandi intenzioni per poter ottenere quello che vogliamo.
"Quali sono queste strategie?
Come possiamo fregare noi stessi?"

Le risposte a queste domande sono proprio l'argomento principale del prossimo capitolo!

6. Come creare un Risparmio col Pilota Automatico?

"Ci sono due peccati cardinali dai quali scaturiscono tutti gli altri: impazienza e pigrizia."

Franz Kafka

Come ingannare noi stessi pur sapendolo!

Una volta scoperto che siamo soggetti a sperperare "naturalmente" le risorse che abbiamo perché siamo programmati per godere quanto più possibile di quello che il nostro ambiente ha da offrirci nel momento presente, abbiamo già fatto il grosso del lavoro.

Questa scoperta ci servirà a capire quali sono le regole di questo gioco.
E una volta capite per bene le regole cosa si può fare?
Si può giocare in tanti modi diversi per vincere sfruttando proprio le stesse regole e i loro limiti!

Sapendo che il nostro obiettivo è risparmiare per poter poi successivamente investire o accantonare soldi per una spesa molto importante ma futura, il modo migliore per poter evitare di

sperperare la somma necessaria, è quello di non vedere questa somma disponibile tra i soldi da poter spendere.
Mi spiego meglio.

Per non vedere il denaro che intendiamo risparmiare tra il denaro a noi disponibile, il miglior modo è quello di spostarlo.

"E dove? Mica posso riempire il materasso o nascondere soldi sotto le piastrelle della cucina, no?"
Beh giusto!
Non ti chiedo di fare questo ma una cosa molto simile a questo.

Nascondere soldi in giro per casa era una pratica molto comune tanti anni fa perché in poche persone avevano conti in banca e forse anche per un briciolo di diffidenza verso le banche ma oggi, siamo nel 21° secolo, giusto?

Giusto! E quindi perché non sfruttare i potenti strumenti che la tecnologia ci fornisce (quasi sempre) GRATIS?

Come si fa?
Molto semplice!
Bisogna avere un conto dedicato esclusivamente a questo scopo, un covo nel quale poter dirottare i soldi che vogliamo risparmiare con frequenza settimanale, mensile o annuale.

Questo conto deve avere almeno 2 caratteristiche fondamentali:
1. Deve avere un IBAN europeo al quale poter accreditare bonifici dal tuo conto principale (meglio se i bonifici sono gratuiti)

2. Deve avere la possibilità di NON avere carte fisiche con le quali si possono ritirare soldi agli ATM o effettuare pagamenti.
   Se proprio fatichi a trovare conti con quest'ultima caratteristica potrai benissimo ricevere la loro carta e chiedere ad un tuo convivente, amico o familiare di prendersi quella carta e nasconderla dove meglio crede in casa tua senza chiaramente dirti dove si trova. (magari chiedigli di segnarsi da qualche parte il nascondiglio per poterlo recuperare in caso di emergenza estrema).

Una volta aperto questo conto, tutto quello che dovrai fare è creare uno o più bonifici periodici ricorrenti dal tuo conto nel quale ricevi stipendio e/o pagamenti verso il conto Covo.
Per azzerare quanto più possibile le spese di gestione ti consiglio caldamente di scegliere bene sia il tuo conto principale sia il conto covo per poter avere il costo azzerato dei bonifici SEPA.

Lo sforzo mentale e consapevole ci sarà solo ed esclusivamente quando starai organizzando il tutto, ma, una volta avviato e impostato, non ti renderai nemmeno conto che ogni settimana/mese/anno se ne vanno via somme di denaro e tu riuscirai con tranquillità a scialacquare i soldi disponibili con le tue spese quotidiane pur riuscendo a risparmiare.
Poi vuoi mettere la bellezza di mettere come destinatario del bonifico te stesso? :D

7. Strategie Pratiche per Risparmiare

"Tutti hanno un piano finché non vengono presi a pugni in bocca."

Mike Tyson

Strategie per Risparmiare sulle spese Fondamentali

In questo capitolo ti darò una serie di spunti pratici per risparmiare sulle spese fondamentali che possono apparire come le più ostiche ma che sono anche le più soddisfacenti da ridurre.
Iniziamo!

- **Assicurazione Auto:** utilizzando siti nei quali poter avere più preventivi nel giro di pochi secondi potrai trovare offerte migliori per la tua assicurazione auto e stipulare direttamente online una nuova polizza, oppure potresti sfruttare questa carrellata di prezzi per poter negoziare il prezzo della tua attuale polizza con l'attuale compagnia. Ricordati che sei tu ad avere il coltello dalla parte del manico perché ogni compagnia assicurativa spende soldi ogni anno per acquisire nuovi clienti e ha tutti gli interessi nel tentare di

mantenerti come fedele cliente.
Siti Consigliati: https://tiny.one/facile, https://tiny.one/segugio

- **Mutuo:** prima di stipularne uno nuovo o dopo averne già stipulato uno, si può trovare il modo di poter risparmiare anche sul mutuo che è una delle spese che incide moltissimo nelle spese mensili di molti di noi.
Anche in questo caso esistono siti online nei quali poter avere una serie di preventivi in pochi minuti con tutti i dettagli a disposizione per poter valutare quale sia il più adatto al nostro caso.
Ti consiglio di provare uno di questi siti che ti propongo e sfruttare la chiamata gratuita che potrai effettuare con i loro operatori per ricevere maggiori informazioni e, una volta avute le giuste informazioni con i relativi prospetti e documenti, potrai decidere se scegliere una delle banche proposte oppure, nel caso della surroga del mutuo, andare nella banca con la quale hai già stipulato e cercare di negoziare un mutuo con maggiori vantaggi per te (abbassamento rata, interessi, durata ecc ecc) per Permettergli di evitare di perderti come cliente.
Ricordati una regola Aurea: *"Chi CHIEDE è Perdente, Chi OFFRE è Vincente"* e tu in questo caso stai Offrendo a loro la possibilità di non perderti perchè potresti benissimo surrogare il mutuo con un'altra banca senza neanche dare modo alla precedente di rinegoziare.
Siti Consigliati: https://tiny.one/mutuionline, https://tiny.one/mutui.

- **Spesa Alimentare:** grazie al tracciamento delle spese riuscirai senza nessun problema a ricavare una spesa media mensile, o ancor meglio settimanale, di spesa alimentare.
Mantenendo esattamente le tue stesse abitudini alimentari la cosa che puoi fare per poter risparmiare è battezzare un mese nel quale sceglierai 4 supermercati diversi (prova con due super/iper mercati e con 2 discount) nei quali andrai a comprare esattamente le stesse identiche cose che ogni settimana consumi senza che questi prodotti siano in offerta temporanea.
Finito questo mese confronterai le spese fatte per fare una sorta di tua classifica personale per scegliere quello o quelli nei quali hai ottenuto un maggior risparmio di denaro.

Altra strategia molto importante sarà quella di crearti una lista della spesa ben definita e alla quale ti atterrai scrupolosamente evitando così di comprare prodotti in offerta ma che non era in lista o chissà quale altra diavoleria messa in mostra nel mese.

Importantissimo andare a fare la spesa con lo stomaco pieno. Detta così può sembrare un requisito necessario per assumere un farmaco, ma ti assicuro che fare la spesa quando si ha fame è quanto di più sbagliato perché sarai indotto a comprare molto di più di quello che effettivamente ti serve o che avevi programmato.

- **Bollette:** per questa voce di spesa è possibile ottenere ottimi risparmi proprio sfruttando le potenzialità di siti online che permettono di avere una serie di preventivi con fornitori diversi di Luce/Gas.
Cambiando fornitore riusciremo ad ottenere un ottimo risparmio pur mantenendo invariate le nostre abitudini o senza fare nessuna miglioria ai nostri impianti di riscaldamento di casa.

Nessuno vieta di investire piccole somme per migliorare notevolmente le dispersioni di calore che molte case hanno. Ti invito a fare tutto ciò con l'aiuto di strumentazione specifica per poter vedere da quale situazione si parte e cosa si riesce ad ottenere grazie a guarnizioni paraspifferi agli infissi e/o alle porte o l'utilizzo del silicone sempre per isolare al meglio gli infissi.
Per poter avere numeri alla mano da poter confrontare ti basterà avere uno strumento (dal costo di circa 30€) che in pochi istanti ti potrà mostrare la temperatura e umidità dei

muri di tutte le tue stanze di casa e soprattutto dei ponti termici (zone più umide e/o più fredde rispetto alle altre zone della stessa stanza) nei quali molto probabilmente hai grandi dispersioni di calore e nei quali potresti riscontrare muffe fastidiose.
Questo strumento è il Termometro a Infrarossi Laser (ti lascio un link di quello che uso io https://tiny.one/termoscanner).
Individuate le zone che hanno necessità del nostro intervento per evitare la dispersione di calore, ti consigli di comprare guarnizioni di tenuta (ti lascio un link di quelle che ho usato io https://tiny.one/tenuta).

Altro buono spunto sarebbe quello di utilizzare (o installare se ancora non ne hai uno) un termostato regolabile per poter impostare le temperature più alte nelle ore nelle quali la casa è frequentata da te e il resto della famiglia e di impostare temperature più basse (non di spegnere il riscaldamento eh, sia chiaro!) nelle ore in cui andrete tutti a dormire o non siete in casa.

In questo modo riuscirai ad avere sempre la giusta temperatura in casa limitando anche la spesa per il riscaldamento nei mesi invernali che è una gran bella spesa.
Siti Consigliati: tiny.one/switcho, tiny.one/sostariffe

- **Carburante Auto:** il segreto di Pulcinella per poter diminuire la spesa del carburante (e anche della manutenzione dell'auto) si gioca tutta nel tuo stile di guida.
Se intendi cambiare e migliorare il tuo stile di guida per renderlo più economico, e allo stesso tempo anche più

ecologico, tieni ben presente la regola aurea del consumo di carburante.

Più l'auto mantiene una velocità costante e con il minor numero di accelerazioni e interruzioni, e meno consuma.

Purtroppo mi rendo conto che per chi guida l'auto quasi esclusivamente in centro città è un gran bel problema perchè si è soliti accelerare e frenare di continuo per semafori, rotonde, attraversamenti pedonali ecc ecc. Uno strumento con il quale ormai sono equipaggiate tutte le auto ci può venire in aiuto!

Questo strumento è il Cruise Control/Limitatore di velocità. Questo accessorio può aiutarci ad evitare accelerazioni troppo potenti, ci evita la possibilità di prendere multe se lo impostiamo sul limite di velocità della strada che stiamo percorrendo e, in più, mantiene costantemente la stessa identica velocità risparmiandoci la fatica di spingere col piede destro sull'acceleratore.

Provare per credere!

Valutate anche l'opportunità di frequentare un corso di Guida Sicura presso uno dei Club ACI presenti in tutt'Italia. In questi corsi vi insegneranno sia come guidare nel modo più sicuro possibile ma, soprattutto, come guidare nel modo più ecologico ed economico sfruttando concetti di fisica applicata alla guida dell'auto.

Siti Consigliati: tiny.one/corsoguidasicura

Strategie per Risparmiare sulle spese Extra/Svago

In questo capitolo vi darò una serie di spunti pratici per risparmiare sulle spese extra e di svago così da poter concedervele più spesso o con meno sensi di colpa.
Iniziamo!

- **Uscite a pranzo/cena fuori:** partiamo col presupposto che questo è il mio modo preferito di spendere soldi nella categoria svago e quindi ci tengo particolarmente a mantenere questa mia abitudine il più possibile intatta senza sacrificare troppo.
  È vero anche che questo è un libro che parla di risparmio e quindi cercherò di mettere sullo stesso piano anche questa categoria e ti elencherò alcune strategie che potranno aiutarti a limitare le spese.
  Partiamo dal fatto che non è necessario dover uscire a pranzo/cena fuori ogni giorno e, ammenochè il vostro budget impostato non ve lo permetta, dovete assolutamente evitarlo.
  Detto questo, è utile "battezzare" il giorno o i giorni della settimana nei quali poter uscire fuori al ristorante così da avere qualcosa di ben definito e una regola chiara e semplice da rispettare.

  Questo ti serve per poter rimandare a uno di quei giorni battezzati le richieste che i tuoi amici ti possono fare per poter uscire a pranzo/cena insieme limitando di molto le possibilità di spesa.

Posti dei confini ben definiti è la volta della strategia per scegliere dove andare.

Se quello che per te conta di quando esci a ristorante è stare con i tuoi amici o i tuoi cari in compagnia per parlare e coltivare un pò di relazioni sociali, la scelta del ristorante avrà una priorità bassissima e potrai quindi preferire ristoranti nei quali c'è una tariffa fissa (per esempio menù fisso o all you can eat) così da sapere con precisione quanto andrai a spendere.

Se non riuscirai a trovare o scegliere ristoranti di questo tipo ricordati la tua priorità di socializzare e evita di ingozzarti come una zampogna!

Se non pagherai alla romana potrai sicuramente limitare i danni al portafoglio (e anche alla linea) ordinando pochi piatti e soprattutto limitarti con la quantità di cocktail o bevande pensando che se dovessi comprare la stessa bevanda o drink al supermercato riterresti fuori di testa pagare 12.5€ al litro la stessa (mediamente le bibite alla spina che sono 0,4 l costano 5€).

Sei lì per poter stare insieme ai tuoi cari amici e passare del tempo di qualità.

Discorso diverso è se non te ne frega nulla di voler passare tempo per coltivare relazioni sociali con i tuoi amici ed esci solo per poter fare una mangiata epocale.

Aldilà di quello che può comportare a livello di salute, per il quale ognuno di noi è responsabile per sé stesso, la strategia per poter risparmiare anche qui passa nel porre dei paletti ben definiti chiari entro i quali stare.

Potete fissare un tetto massimo di spesa per l'uscita e

metterti in condizione di non aver altri soldi in più nel portafoglio evitando così di fare i furbi con noi stessi e sforare il budget; oppure potrai fissare un numero massimo di piatti/drink così da limitare i danni sia per la salute e sia per il portafoglio.

Se intendi fare mangiate epocali consiglio caldamente ristoranti con la formula "All you can eat", in questi ristoranti sai già quanto andrai a spendere per il cibo ma sarà a tua discrezione quante bevande ordinerai e queste andranno a far lievitare per bene il prezzo! Quindi attenzione.

Una strategia utile sia in un caso sia nell'altro è quella di sfruttare siti internet che danno la possibilità di avere sconti e coupon da poter utilizzare nei ristoranti aderenti che molto spesso danno diritto a pranzi e cene di tutto rispetto a prezzi molto scontati.

I proprietari dei locali usano queste strategie per farsi pubblicità e conoscere e tu potrai godere del loro buon cibo frequentando nuovi ristoranti di cui non sapevi nemmeno l'esistenza.

Siti Consigliati: tiny.one/groupon, tiny.one/codicesconto.

- **Vacanze e Weekend:** per questa sezione si può utilizzare la strategia della frequenza di cui ho parlato nella sezione "Uscite a pranzo/cena fuori" per definire per bene quante vacanze o quanti weekend fuori casa ci possiamo permettere.

  Definito un numero ben preciso, si possono ottenere notevoli risparmi se vogliamo andare un pò all'avventura e vedere quali possibili viaggi e mete sono in offerta e sconto utilizzando gli elenchi di offerte proposti in alcuni canali Telegram che si collegano a siti di prenotazione soggiorni

(booking.com, airbnb.com, trivago.com ecc ecc).
Ogni giorno vengono pubblicate offerte con costi ridottissimi per vacanze e weekend nei quali, la maggior parte delle volte, è compreso pure il volo di andata e ritorno oltre che il soggiorno (nel caso di mete estere).
Non ti resta che iscriverti ai canali, che sono gratis, e scegliere dove preferisci andare.
Canali Telegram Consigliati: tiny.one/piratinviaggio, tiny.one/poraccinviaggio

- **Shopping e Shopping Online:** per limitare le spese in questa categoria sarà necessaria l'organizzazione e l'utilizzo di un'app gratuita che ti permetterà di risparmiare decine e decine di euro e per la quale sarà richiesto solo avere un minimo di pazienza.
Per quanto riguarda l'organizzazione per entrambi i tipi di shopping è necessario crearsi un elenco di tutti i vestiti che si hanno nell'armadio dividendoli per le 4 stagioni.
Arrivati a questo punto sarà bene calcolare un numero fisso di "completi" (jeans, maglia/felpa, accessori).
Ora sarà più evidente se in una delle quattro stagioni ti mancano vestiti per comporre i "completi" o se alcuni vestiti che hai sono ormai rovinati e intendi sostituirli.
Trovati i vestiti necessari potrai scegliere di comprare immediatamente ciò che ti serve o fare un giro di ricognizione presso i negozi di vestiti per capire i prezzi **PRIMA** del periodo dei saldi.
Durante i saldi andrai semplicemente a colpo sicuro a prendere i vestiti di cui hai necessità e della taglia corretta (te li sarai già provati nel giro di ricognizione), chiaramente verificando il prezzo che dovrà essere sceso se in saldo.

Per quel che riguarda gli acquisti online esistono app che ti permettono di vedere le oscillazioni di prezzo degli articoli che intendi comprare su Amazon.

Oltre a vedere tutto lo storico dei prezzi, ti permette di impostare degli avvisi che l'applicazione ti invierà quando l'articolo scelto scenderà sotto un certo prezzo impostato. Questo richiede tempo, ma riuscirai a comprare articoli anche al 30/40% del prezzo che vedi in questo istante nello store Amazon.

App Consigliata: tiny.one/keepAndroid, tiny.one/keepApple, tiny.one/honey-android, tiny.one/honey-apple, tiny.one/honey-mozilla

Strategie per Risparmiare sulle spese di Formazione

In questo capitolo ti darò una serie di spunti pratici per risparmiare sulle spese per la tua formazione così da poter aumentare le tue conoscenze e competenze facendo attenzione anche al risparmio. Iniziamo!

- **Corsi online a pagamento con Attestato:** il mondo del web è pieno di formatori, più o meno validi, che ogni giorno sfornano maree di corsi per poter imparare qualsiasi competenza in tempi più o meno lunghi e con la possibilità di mettere in pratica fin da subito quanto imparato.
  Un buon modo per poter risparmiare soldi è confrontare il contenuto dei vari corsi che si intende frequentare per poter

capire quanto di ciò che ci viene presentato è venduto a peso d'oro e quanto invece è effettivamente contenuto di valore.
Una volta individuato un corso adatto a quello che intendiamo imparare o migliorare, potrai parlarne con alcuni amici che sono interessati alla materia e che potrebbero essere interessati ad aumentare le proprie competenze.
In amicizia potresti proporgli di comprare un corso insieme e frequentarlo per poter assimilare al meglio le informazioni e scambiarvi le impressioni oltre a dividere la spesa del corso. Riuscirai così ad ottenere miglior comprensione e dimezzamento del prezzo del corso.

Aldilà di questa tecnica per dimezzare il costo, potrai trovare spesso offerte che ti permetteranno di comprare corsi anche ad 1 decimo del prezzo originario anche usando coupon speciali presenti in numerosi canali telegram o siti web.
Alcuni di questi siti offrono la possibilità di frequentare corsi di prestigiose università internazionali (tra cui Oxford, Harvard, MIT) con la possibilità di ricevere attestati una volta superato l'esame o gli esami finali.
Chiaramente sarà fondamentale, in questo caso, la comprensione corretta della lingua inglese.
Questi attestati faranno parte delle qualifiche presenti nel tuo Curriculum e mi sembra superfluo dire quanto saranno d'impatto al prossimo colloquio di lavoro poterne fare sfoggio.
App Consigliate: tiny.one/udemy, tiny.one/coursera

- **Risorse per la formazione online gratis:** per la formazione online gratis si può sfruttare la preziosissima risorsa di Youtube e delle ricerche di Google.

Aggiungo anche che qualsiasi argomento, se cercato in lingua inglese, avrà sicuramente più chance di essere trovato in modo completo con Video Tutorial, Guide e approfondimenti completamente gratuiti e, molto probabilmente, creati dai massimi esperti mondiali di quell'argomento.
Un esempio su tutti sono i discorsi **TED** che con molta frequenza vengono caricati sulla piattaforma di Youtube e che hanno innumerevoli spunti e consigli pratici spiegati al meglio da massimi esperti che sono anche autori di numerosi libri Best Seller mondiali.

Oltre a questo tipo di video, sono presenti numerosi Youtuber che creano contenuti per sintetizzare interi libri e i relativi concetti per poter apprendere al meglio informazioni su un preciso argomento evitando di spendere anche solo 1€ o per farsi almeno un'idea di come sia strutturato un libro che intendiamo acquistare.
Siti Consigliati: www.youtube.com, www.google.it, tiny.one/TEDchannel

- **Libri/ebook:** importantissima risorsa sono gli ebook e i libri che possiamo comprare o prendere in prestito dalle biblioteche cittadine per poter approfondire un preciso argomento ed aumentare le nostre competenze, prendere appunti e creare vere e proprie mappe mentali o schemi per sintetizzare i concetti espressi nelle preziose pagine. Personalmente utilizzo un'applicazione per tenere un elenco di tutti i libri che ritengo utili per migliorare le mie conoscenze e competenze.
Questo elenco è aggiornato ogni volta in cui entro in libreria e trovo qualcosa che mi colpisce e che ha un indice o

sommario ben dettagliato nel quale si va a spiegare tutto ciò che è contenuto nelle pagine del libro.

Per evitare acquisti di impulso (i libri sono la mia debolezza, lo ammetto), controllo nel sito della biblioteca della mia provincia, quali libri presenti nel mio elenco sono disponibili per il prestito.

In questo modo potrò leggere il libro, imparare comunque cose nuove e se ritengo sia fondamentale da avere e tenere in libreria per consultarlo più volte, solo a questa condizione, ordino il libro su Amazon sfruttando i prezzi inferiori o confrontandoli con quelli delle librerie fisiche.

Prendendo la versione ebook il risparmio è assicurato, anche se l'esperienza di sfogliare le pagine e annusare quel magnifico odore di libro nuovo non è la stessa.

Sito Consigliato: tiny.one/libri-amazon

- **Corsi online Gratuiti ma senza Attestato:** per potere sfruttare al meglio le potenzialità di alcuni siti e frequentare corsi specialistici universitari e prestigiosi senza dover pagare NULLA, potrai iscriverti ad uno dei corsi di Coursera evitando la possibilità di ricevere l'attestato finale.

Alla fine, stringi stringi, l'importante è quello che si impara a fare o la conoscenza che si acquisisce.

Gli eventuali attestati non sono altro che riconoscimenti per il nostro Ego, dei quali intendiamo fare sfoggio con parenti ed amici ma che, da soli, non possono certo farci imparare meglio quanto è stato spiegato all'interno del corso.

Se vuoi imparare bene senza volerti pavoneggiare, Coursera è la risorsa che fa per te!

Sito Consigliato: tiny.one/coursera

- **Corsi dal vivo/esperienziali:** infine ecco la risorsa che io reputo essere la migliore sotto molti punti di vista per poter aumentare l'apprendimento e, allo stesso tempo, conoscere nuove persone che condividono con noi la voglia di imparare e migliorare se stessi e le proprie competenze.
Utilizzando le ricerche di Google, riusciremo facilmente a trovare corsi sparsi in tutta Italia di qualsiasi argomento intendiamo approfondire.
Dopodiché non ti resterà che iscriverti e chiedere info sulla zona della città nella quale si svolge il corso (chi ha creato il corso ha stretto accordi con qualche albergo o ristorante per avere prezzi agevolati per le persone che vengono da fuori e che hanno necessità si pernottare o mangiare fuori?), oppure puoi organizzarti al meglio per portarti cibo da casa per risparmiare quanto andresti a pagare al ristorante.
Se invece scegli di goderti l'esperienza a pieno, ti consiglio di tenere d'occhio le offerte di B&B o Hotel e ostelli della città del corso, o di un qualche paesino in periferia, almeno un mese prima.
Utilizzando i filtri potrai trovare un'ottima sistemazione pagando pochissimo e avendo la possibilità di cancellare la prenotazione fino a 24h prima del giorno previsto del tuo arrivo.
Ho incontrato meravigliose persone durante i miei tanti weekend dedicati alla formazione in giro per l'Italia e ritengo sia un'esperienza eccezionale poter frequentare corsi uscendo dalla propria zona di comfort e conoscendo nuove persone e nuovi modi di vivere.
Sito Consigliato: https://www.booking.com, https://www.airbnb.it, https://www.tripadvisor.it.

8. L'importanza dell'Investimento come Abitudine

"L'investimento deve essere razionale.
Se non lo capite, non lo fate."
Warren Buffett

Una buona abitudine per tutta la Vita!

C'è chi potrà pensare che risparmiare sia solo un'inutile perdita di tempo, c'è chi potrà pensare che risparmiare può essere solo un'abitudine per ricchi o per chi fa il mantenuto tutta la vita e poi c'è chi potrà pensare *"Risparmiare è importante ma non riesco a capire come cavolo fare!*
Ogni mese rimango impantanato tra le spese e non metto via neanche 1€!"
Ognuna di queste persone ha terribilmente ragione….a seconda dell'obiettivo che si pone.

Come in tanti altri aspetti della vita, puoi concentrarti su quello che non hai (e cercare di puntare il dito verso chi o cosa ti ha causato questa mancanza) oppure puoi iniziare a vedere i tuoi punti di forza e i tuoi punti di debolezza e cercare strategie e tecniche per poter migliorare sempre di più essendo consapevole che alla perfezione sarà impossibile arrivarci ma che sarà un lungo viaggio che ti regalerà indubbiamente delle soddisfazioni e una marea di lezioni da imparare grazie ai tuoi errori e i tuoi sbagli.

Uno tra tutti potrebbe essere la consapevolezza che investire non serve a nulla se non in pochi casi particolari della vita (comprare una nuova auto, comprare una casa ecc ecc).
Quello che vorrei condividere con te, invece, è proprio la necessità di avere come abitudine il risparmio unito alla capacità di poter investire quanto risparmiato.

E questo perché?

Perchè la vita è piena di colpi di scena, di salite e discese imprevedibili che solo chi ha le spalle forti e la buona abitudine di mettere da parte risorse di emergenza potrà affrontare al meglio senza dover fare sforzi disumani o salti mortali improvvisi contro voglia!

Come in tutte le cose, anche il mondo degli investimenti, è composto da più livelli di difficoltà ma non necessariamente ti sarà richiesto approfondire fino al livello più complicato le tue conoscenze in questo campo per potere ottenere guadagni di tutto rispetto!

Questo libro è incentrato sul Risparmio e non sull'investimento e quindi questo capitolo serve solo per piantare un piccolo seme nel tuo terreno fertile e poter instillare un minimo di consapevolezza che la conseguenza più ovvia del risparmio è rappresentata proprio dall'investimento.

Potrai affidarti alla tua banca (con relativi costi fissi e/o variabili e gli interessi calcolati su base annua), oppure potrai approfondire in modo autonomo questa sconfinata materia per poter gestire al meglio il frutto di tutte le tue strategie di risparmio!

Il concetto che più di tutti può esserti utile in questo campo è quello del rapporto Rischio/Guadagno.
In base a quanto sei disposto a rischiare il tuo capitale che intendi investire, di solito, potrai avere un maggiore o un minore guadagno.
Il rischio e il guadagno correlati sono direttamente proporzionali ma se riuscirai ad approfondire, riuscirai anche a prendere decisioni migliori che ti faranno ottenere ottimi guadagni contenendo i rischi.
Per ora ti basta sapere questo e, chissà, magari in un prossimo libro potrei andare ad approfondire proprio l'Investimento come macro argomento.

9. Inflazione: una corsa senza fine

"L'inflazione è come il peccato; ciascun governo la denuncia, però ciascun governo la pratica."
G. Christoph Lichtenberg

Lei non si ferma mai e tu?

L'inflazione è una corsa senza fine tra i soldi che possiedi e quello che puoi comprarci.
Questa frase può sembrare molto semplice e ridotta all'osso ma è effettivamente la sintesi di come stanno le cose.

Per come la nostra società ha deciso di impostare l'economia, una delle regole è proprio quella dell'inflazione.

Questo succede per vari motivi che non starò di certo ad approfondire (anche perchè difficilmente riuscirei a trattarli tutti in modo esaudiente), ti basterà sapere questa informazione per essere consapevole che, di anno in anno, i tuoi soldi perderanno progressivamente il proprio valore e quindi è necessario trovare strategie per stare quanto meno al passo di questa progressiva perdita o, ancora meglio, riuscire a guadagnare di più per poter sopportare meglio queste oscillazioni.

In Europa, l'inflazione annua calcolata è di circa il 2%.
Quindi questo che vuol dire?

Vuol dire che se immagini di mettere 10.000 € fermi e bloccati in un conto, da qui ad un anno quei soldi varranno esattamente 9.800€.
Quei 200€ non te li toglierà nessuna ma semplicemente potrai comprare meno oggetti con gli stessi soldi che avevi accantonato l'anno precedente.
E tutto questo senza tener conto dei tuoi vizi, abitudini che, magari, possono gravare ulteriormente sul tuo bilancio delle spese.

Ora puoi disperarti e iniziare a lamentarti del fatto che tutto questo sia ingiusto e cercare qualche colpevole, oppure puoi prendere atto della situazione così com'è e trovare rimedi e strategie per poter guadagnare più di quanto l'inflazione toglie valore ai tuoi soldi.

Soprattutto per questo motivo è fondamentale investire i soldi che riuscirai a risparmiare di mese in mese!
L'inflazione è inarrestabile e tu?
Hai intenzione di risparmiare e investire solo quando si allineano alcuni astri o pensi sia meglio rimanere in corsa e continuare a martellare?

Ti lascio un link ad un video nel quale viene spiegato in modo molto esaustivo cos'è l'inflazione e come incide nella vita di ognuno di noi:
https://tiny.one/inflazione

10. Moltiplica le Tue Fonti di reddito

"Io accetto dei piccoli guadagni a breve termine in cambio di una grande crescita a lungo termine."
<u>Robert Allen</u>

Una sola grande fonte o meglio tante piccole fonti?

Abbiamo parlato molto di come limitare le tue spese ma abbiamo detto ancora poco sull'importanza delle tue entrate.

In questo capitolo vedremo insieme se, quanto e perché, è importante avere più fonti di reddito (o di entrate).

Per un attimo immagina di dover riempire un secchio con acqua ogni giorno per poterlo usare per innaffiare le tue preziosissime piante alle quali tieni tanto.
Il pozzo dal quale estrarre l'acqua è direttamente collegato ad una falda sotterranea e per tanti anni non hai mai avuto problemi di irrigazione perché la falda è sempre stata bella fornita e c'è stato un continuo ricambio di acqua.

Ad un certo punto però, per un problema che tu non conosci,

questa falda sotterranea si secca e non ha più l'acqua sufficiente per poter irrigare le tue bellissime piante.

Come ti comporti?

Provi a trovare il problema? Fai scavare un altro pozzo in un'altra zona? Chiaramente queste soluzioni potrebbero risolvere il problema ma ti richiederanno tempo e soldi.

Cosa succederebbe se invece di un pozzo bello profondo tu avessi a disposizione 5 o 6 pozzi meno profondi ma posti in zone diverse e che attingono a falde diverse?
Cosa accadrebbe se uno di questi pozzi avesse lo stesso problema di cui ti ho parlato qualche riga sopra?
Potresti continuare a irrigare mentre cerchi di risolvere questo problema?

Sono certo che questo esempio ti ha fatto accendere un intero lampadario in testa e che hai trovato parecchi parallelismi possibili tra il pozzo e le tue entrate e fonti di reddito.

Proprio allo stesso modo, molteplici fonti di reddito possono essere fondamentali per poter continuare al meglio la nostra vita nonostante qualche inghippo, risolvibile, ogni tanto.

Questo ti permette di distribuire su più fonti il rischio di perdere la possibilità di rifornire le tue tasche di denaro che ti servirà per vivere dignitosamente.

Al pari degli investimenti, dove una delle parole chiave è "diversificare" che è traducibile in "investimenti in ambiti diversi tra loro per distribuire i rischi di perdite", anche nelle fonti di reddito è indispensabile averne più di una.

Quali altre fonti di reddito si potrebbero avere oltre al proprio stipendio da dipendente o compenso da libero professionista?

Eccone un elenco rapido:
- Reddito da immobili (per esempio Affitti o compravendita di immobili)

- Reddito da diritti d'autore (per esempio i guadagni generati dalle vendite di un libro, brevetti, di materiale musicale, corsi, creazioni artistiche e tutto quello che può essere generato dalla nostra creatività e intelletto e può essere venduto e reso disponibile ad altre persone sul mercato)

- Reddito da investimenti (per esempio tutti i guadagni generati da investimenti fatti nel mercato azionario, obbligazionario, criptovalute, ETF, valute o società di investimenti, metalli preziosi ecc)

- Reddito da collaborazioni o secondo lavoro (per esempio collaborazioni artistiche o lavori occasionali svolti con una certa frequenza durante l'anno)

- Reddito da Royalties (per esempio dando in concessione l'utilizzo di un tuo marchio ad attività commerciale come franchising)

- Reddito da Prodotti online (per esempio prodotti informativi o software che puoi vendere o farti pagare in abbonamento mensile o annuale per poterne usufruire)

Chiaramente queste sono delle categorie di fonti di reddito che puoi sviluppare ma che non devi necessariamente sviluppare tutte per poter essere più libero a livello finanziario e accumulare 1000 fonti diverse di guadagno.

Ti conviene prendere un pò di tempo per capire quali tra queste possono essere più fattibili con il tempo che hai disposizione, le competenze attuali o quali competenze e quanto tempo dovrai liberare per poterle sviluppare al meglio.

Mai nella storia c'è stato un momento migliore di questo per poter reperire una marea di informazioni su come avviare un nuovo business da 0 o come poterti organizzare al meglio e imparare da chi ha già fatto il percorso che intendi intraprendere.
Utilizza Google e Youtube al meglio per le tue ricerche e sicuramente troverai molti spunti per sapere cosa fare.

Tutto ciò che verrà generato da queste fonti di reddito alternative servirà a rinforzare la sicurezza di poter ricevere entrate diverse e magari potrà esserti utile per dividere al meglio nelle categorie che hai assegnato ai tuoi "barattoli" i soldi.

---

soluzione: il giorno stesso…ma anche una delle altre 2 soluzioni potrebbe comunque funzionare bene per te

11. Come mettere il Pilota Automatico al Risparmio

Pigrizia: l'abitudine di riposarsi ancor prima di essere stanchi.
Jules Renard

Imposta un sistema che risparmia al posto Tuo!

Immagina di essere riuscito finalmente a toglierti una cattiva abitudine che ogni mese ti "costringeva" a spendere soldi con costanza (per esempio la dipendenza dal fumo, dall'alcool o dal gioco d'azzardo).

Chiaramente avrai una marea di benefici a livello di salute ma ti sei mai fermato anche solo per un attimo a pensare a quanti soldi si "liberano" improvvisamente e di cui potrai tornare a disporre? Mi spiego meglio!

Fino a quando eri dipendente da qualcosa, ogni giorno o ogni mese, eri solito spendere somme di denaro più o meno corpose per poter "mantenere" questa dipendenza attiva.
Il bellissimo giorno in cui sei riuscito a smettere, avrai a disposizione proprio quella somma di denaro per poterla utilizzare per altro nella tua vita!

Ma, se hai seguito passo per passo quanto detto nei capitoli precedenti, dovresti sapere che siamo bravissimi a trovare numerose altre cose in cui spendere il nostro denaro perché seguiamo l'istinto di ricevere il maggior numero piacere quando abbiamo a disposizione delle risorse non curandoci di quanto sarà utile averne in futuro.

Proprio per questo motivo e in presenza di eventi di questo tipo, è necessario avere un sistema che faccia per noi il lavoro "sporco" e non ci permetta di cedere ai nostri primordiali istinti!

"E come diavolo si fa ad avere questo sistema?
È qualcosa che si compra? È un servizio a pagamento?"
NO! Nulla di tutto ciò!

Tutto quello che ti servirà sarà avere un conto bancario nel quale viene accreditato il tuo stipendio o i tuoi compensi e un altro conto (preferibilmente a 0 Spese) oppure una carta con IBAN (sempre a 0 spese).

Il sistema è semplice!
Una volta in cui hai deciso quale somma intendi risparmiare (o una volta scoperto quanti soldi la tua vecchia dipendenza ti "spillava" ogni mese), dovrai semplicemente impostare un bonifico programmato mensile con il quale ti sposti il denaro dal tuo conto principale al tuo secondo conto o carta con IBAN.

Il giorno da impostare sarebbe bene che corrispondesse con lo stesso giorno nel quale ti viene accreditato lo stipendio o i compensi.

Sento già da qua le critiche che ti passano in questo momento per la mente!
Potrebbe assomigliare ad una frase di questo tipo:
"E ma grazie al ca..volo! Son sempre soldi miei che vanno in un altro conto sempre mio! Mica sono scemo/a!
Se vanno in un altro conto posso benissimo spenderli e non risparmiare nulla!"

Potrebbe essere vero ma per la maggior parte di noi (99/100) questa cosa non si verificherà MAI!

E questo non si verificherà perchè del secondo conto d'appoggio è bene non avere una carta di credito/debito per evitare di ritirare soldi agli sportelli ATM o spenderli nei negozi e, oltre a questo, per il semplice fatto che questa mossa renderà più difficile ed "economicamente" svantaggioso compiere questa azione.

Tutti noi, pur senza saperlo, siamo progettati per poter ottenere il massimo possibile consumando il meno possibile e questo in ogni ambito nella nostra vita.
Per sfavorire abitudini che ci porterebbero lontani dai nostri obiettivi, non dobbiamo fare altro che renderci la vita difficile, ancor meglio se impossibile, nel fare quelle azioni dannose per noi nel lungo periodo.

Allo stesso modo se intendiamo toglierci quel brutto viziaccio di mangiare cibo spazzatura davanti alla TV da automi, la via più semplice è evitare di comprare quel genere di cibo direttamente quando facciamo la spesa.

Non avendolo in casa, sfido chiunque a vestirsi di tutto punto e uscire, magari alle 21 o alle 22 quando i negozi alimentari sono ormai chiusi, a "caccia" di patatine o snack da potersi gustare comodamente sul divano davanti alla TV!
Potreste benissimo farlo ma vi assicuro che non lo farete se non sarete fortemente motivati.

Potenzialmente potreste partire con l'idea di correre la Maratona di New York e, di punto in bianco, programmarvi una serie di allenamenti partendo con 10km di corsa molto sostenuta OGNI GIORNO per 30 giorni continuativi per poi passare ad aumentare il chilometraggio.

Potreste benissimo farlo ma vi assicuro anche in questo caso che non ci sarà praticamente Nessuno disposto a fare tutto ciò in modo costante per tanto tempo senza prima aver costruito ottime abitudini.

Per lo stesso identico motivo, con il risparmio automatico impostato una sola volta sarà ben difficile che qualcuno di noi si prenda la briga di spostare nuovamente i soldi risparmiati o usarli.

Semplicemente non compariranno più nel conto principale e li considereremo al pari di una delle tante spese che durante i mesi chiunque di noi sostiene.

Ti invito a crearne anche più di uno di questi bonifici ricorrenti automatici durante il mese oppure a dividere in salvadanai differenti i soldi che ti arriveranno nel secondo conto sfruttando uno tra i tanti servizi presenti nei conti a 0 spese dei quali ti lascerò un link in fondo al capitolo per poterti fare meglio un idea.

Personalmente uso sia il conto Hype che il conto Revolut e in entrambi c'è la possibilità di creare contenitori nel conto per raggiungere un obiettivo o per dividere virtualmente un gruzzoletto dal resto dei soldi per uno scopo ben preciso.

Tutto questo serve ad incentivare il risparmio sfruttando quello che tecnicamente è chiamata "Gamification" inserendo sfide, mostrando avanzamenti al raggiungimento dell'obiettivo finale e condividendo il proprio percorso con altri utenti o contatti della propria schiera di amici.

Sfruttando gli effetti leva che ognuno di noi ha, queste applicazioni incentivano il risparmio!
Fanno l'esatto opposto delle pubblicità dei prodotti utilizzando le stesse "leve" e "bottoni" del nostro cervello!

12. Come l'Educazione Finanziaria può cambiare la Tua Vita!

I perdenti abbandonano quando falliscono.
I vincitori falliscono fino a quando non vincono.
Robert Kiyosaki

Scopri la differenza tra Sopravvivere e Vivere

Può sembrare una frase ad effetto o sensazionalistica, quasi da Giornalista di una qualche rivista scandalistica ma no!

Non sto esagerando per niente!

L'educazione finanziaria, ovvero le conoscenze indispensabili su come amministrare al meglio i soldi, possono completamente cambiare la vita di ognuno di noi.

Si tratta di semplici informazioni che possono essere considerate dei "Fondamentali" come le regole base di qualsiasi sport che consentono sia di praticarlo sia di capirlo da spettatori.
Allo stesso modo conoscere le nozioni fondamentali dell'educazione finanziaria permetterà ad ognuno di noi di vivere una vita più piena e consapevole gestendo meglio tutto il flusso di denaro che in una vita è davvero notevole.

Giusto per darti un'idea proviamo a fare due calcoletti semplici semplici prendendo il reddito medio italiano che, secondo Eurostat (riferito al 2020), è di 1533€ netti mensili.
Prendiamo questa cifra e ipotizziamo 13 mensilità annuali e moltiplichiamo per almeno 42 anni di lavoro.
1.533x13x42 = 837.018€

Chiaramente è solo una stima che può aiutarci a dare un'idea di quanti soldi mediamente entrano nelle tasche di un italiano medio senza tener conto dell'aumento con i vari scatti di anzianità e di quanto in meno varranno i soldi grazie all'inflazione.

Porta pazienza!
Questo calcolo ci può servire solo per sapere che un italiano medio vedrà passare poco più di 800 k in entrata nelle sue tasche in una vita lavorativa di 42 anni.

Ma la domanda fondamentale che vorrei ti ponessi in questo momento è:
"Quanti di questi soldi che entrano saranno spesi per cose, esperienze o regali che aggiungono vero valore alla mia vita?"

Perchè alla fin fine, l'educazione finanziaria serve soprattutto per questo scopo!

Serve per aggiungere valore alla propria vita a parità di soldi in entrata o ad avere più soldi a disposizione per arricchire con cose ed esperienze di valore il nostro percorso in questo mondo.

Tecniche di risparmio, strategie di investimento, automazioni per risparmiare o investire, abitudini per gestire al meglio i soldi sono semplicemente degli **STRUMENTI** o dei MEZZI.

Strumenti per poter arrivare prima o nelle migliori condizioni possibili specifiche per il nostro caso, all'obiettivo di vivere una vita piena di soddisfazioni, con poche privazioni e sofferenze prolungate, ben consapevoli che bisognerà assegnare delle priorità ben precise che potremo poi cambiare nel tempo con l'avanzare dell'età e con il cambio dei nostri bisogni che intendiamo soddisfare.

Un giovane di 20 anni non ha chiaramente gli stessi obiettivi e bisogni di una persona di 50 anni!

Sia per una questione di gusti che cambiano in età così differenti e sia per una questione di energie e tempo a disposizione che è ben diverso.

Purtroppo molte persone imparano molto tardi quanto sia importante gestire al meglio le proprie finanze assegnando priorità e ponendosi obiettivi di breve, medio e lungo termine con i relativi rischi associati.

Personalmente sono del parere che non è mai troppo tardi, ma è caldamente consigliato iniziare fin da subito, fin dal primissimo lavoretto part-time che si riesce ad ottenere per poter iniziare a gestire e accantonare denaro ponendosi obiettivi ben precisi e semplici da raggiungere.

Mai come i primi anni di lavoro, nei quali solitamente in italia i giovani vivono ancora a casa con i propri genitori per via dei contratti che difficilmente sono prolungati o stabili dopo poco, si può mettere da parte una mole di denaro incredibile oppure togliersi ogni possibile sfizio e a volte dovendosi pure impegnare per trovare in cosa utilizzare tutto il proprio stipendio o compenso mensile.

Come in tutte le fasi importanti, anche in questa, le decisioni che si prendono possono essere le migliori possibili o le peggiori possibili per gli scenari futuri.

Chiaramente non è tutto Bianco o tutto Nero e ci sono sempre delle sfumature ma consiglio vivamente a chi è appena approdato nel mondo del lavoro di mettere da parte quanti più soldi possibili per i "tempi duri" che non tarderanno ad arrivare prima o poi e oltre a questo anche per un amor proprio.

Consiglio spassionatamente a chiunque di rendersi indipendenti quanto prima e recidere il cordone ombelicale che tiene molto stretti e uniti i figli ai propri genitori.

Quale miglior modo se non quello di avere una buona somma da parte per poter andare a vivere da soli, potersi comprare il necessario per vivere senza dover iniziare a fare debiti comprando a rate cellulari ultimo grido o macchine da 1.000 cavalli?

Tanto stringi stringi, se siamo belle persone (sia dentro che fuori), non sarà di certo il cellulare che costa quanto 1 intero stipendio mensile o l'auto che costa quanto 36 mensilità a rendervi attraenti in modo pazzesco!

Anche perché gli oggetti alla moda dopo poco tempo smettono di essere alla moda, ma le rate non finiscono di pari passo e vogliamo davvero sommare altre rate per prendere nuovi oggetti alla moda?

E' come cercare di correre all'impazzata su un Tapis Roulant Magnetico autoalimentato che andrà sempre più forte ogni volta in cui voi accelerate il passo.

Non arriveremo MAI a tagliare il traguardo!

Collasseremo prima ammenochè, improvvisamente, non ci arriverà una somma di denaro spropositata che chiaramente non riusciremo a gestire al meglio e useremo, forse saggiamente, per ripagare tutti i debiti accumulati nei primi anni in cui avremmo potuto accumulare una marea di crediti e aver esplorato tanti modi diversi di aumentare le vostre fonti di reddito e investirle.

Chiaramente il mio non vuole essere una predica di chi è perfetto e non ha mai sbagliato, anzi!
Ho già commesso la mia serie di errori dai quali mi tengo bene alla larga e dalla quale prendo buoni spunti per non ripeterli!

Il mio vuole essere un invito a fare le cose bene e impegnarsi a fare sempre meglio!

In tutto ciò non invito nessuno a fare una vita fatta solo di rinunce ma di fissare delle priorità e dedicare il giusto spazio per tutte le categorie di spesa (prova a ricontrollare il capitolo delle categorie di spesa e della strategia dei barattoli).
Quello è uno dei modi per poter avere una vita equilibrata senza

rinunce e che ti permetterà, col tempo, di mettere grandi somme da parte e crescere a livello personale e professionale di anno in anno.

In modo schematico possiamo dire che l'educazione finanziaria ha giusto una manciata di punti chiave per poter capire al meglio quale direzione prendere e quali priorità fissare ed è tutto riassumibile in:

1. Paga prima te stesso e spendi ciò che ti resta

2. Risparmia almeno il 10% SEMPRE

3. Evita ogni tipo di vizio o dipendenza, rimani libero

4. Evita cattivi debiti: se non ti puoi permettere qualcosa ora, non puoi permettertelo nemmeno pagando a rate per anni

5. Aumenta le fonti di reddito e il tuo reddito durante la vita investendo in formazione personale

6. Non puoi gestire ciò che non puoi misurare: tieni traccia delle tue finanze SEMPRE

7. Crea un fondo d'emergenza che possa coprire ALMENO le spese di 3 mesi del tuo stile di vita.

Chiaramente queste non sono leggi immutabili e senza nessuna eccezione ma possono essere molto utili a chiunque per capire la direzione delle proprie azioni e le relative conseguenze.

Per esempio il punto numero 4 potrebbe avere l'eccezione del pagamento della casa tramite mutuo se avere una casa di proprietà rientra tra le tue priorità nella vita, ma come ogni debito è bene impegnarsi al massimo per potersene disfare quanto prima (per esempio aggiungendo ulteriori soldi che si risparmiano durante l'anno potrai diminuire la rata o diminuire gli anni di mutuo).

Una base importante dalla quale partire è proprio la creazione della propria scala di valori.
La puoi realizzare in modo grafico o semplicemente utilizzando un elenco puntato o numerato, ma l'obiettivo di questa scala sarà quello di mettere nero su bianco quali sono i principi e i valori che guidano le tue decisioni ogni giorno in modo consapevole o meno.

Chiarito questi valori e fatta una sorta di classifica d'importanza, molte cose risulteranno più semplici quando dovremo prendere una decisione che avrà effetti sia sul breve che sul lungo termine. Oltre a questo sarà più chiaro cosa ti rende davvero felice e cosa riempie di significato la tua vita e le relative spese per ottenere queste cose o queste esperienze uniche.

Personalmente non divento pazzo di gioia a pensare di spendere centinaia di euro per poter fare lanci da un aereo con il paracadute o a buttarmi con una corda legata alle caviglie da un ponte frequentemente, ma ci sono centinaia e migliaia di persone nel mondo che hanno proprio questa passione e che sono ben felici di risparmiare soldi dando priorità a questa spesa.

Sono gusti ed è anche una questione di priorità.

Personalmente le botte di adrenalina preferisco averle un pò meno potenti e a volte si hanno anche senza esperienze di questo tipo con sport estremi con certi imprevisti che ti si presentano nella vita ☐.

13. Più organizzo = Più Risparmio?

"Non è importante quanto sei occupato, trova il tempo per riflettere, pensare, dare e pianificare."
Jim Rohn

Ecco cosa può cambiare l'organizzazione!

Molto spesso si crede che l'organizzazione sia solo una caratteristica personale innata o quasi un disturbo ossessivo compulsivo.

Buone notizie!

Tranne casi estremi, disturbi ossessivo compulsivi a parte, l'organizzazione è un'abilità e come ogni abilità e skill è possibile apprenderla o potenziare quella che ognuno di noi ha già in dotazione.

Per quello che riguarda il risparmio, l'organizzazione e la predisposizione a catalogare le spese, dividere per categorie, avere schemi o liste della spesa o di quello che si ha bisogno di comprare è un enorme aiuto nel nostro obiettivo di risparmiare.

Essere organizzati ti farà risparmiare molto tempo e molta fatica oltre che soldi.
Quale miglior modo di vedere insieme in quali aree della nostra

vita l'organizzazione può aiutarci se non quello di usare un bell'elenco puntato?

- Organizzazione della dispensa
- Organizzazione dei detersivi e cosmetici
- Organizzazione del guardaroba
- Organizzazione e pianificazione delle vacanze e weekend
- Lista della spesa
- Pianificazione del menù della settimana
- Lista dei prezzi dei prodotti per unità di misura (al chilo, litro, a dose)

Questa è solo una lista per capire in quali ambiti è utile pianificare e organizzare al meglio le cose ma ora andremo, punto per punto, a vedere alcune strategie per poter fare tutto questo al meglio. Iniziamo!

Organizzazione della Dispensa:

Il primo passo da compiere per avere una dispensa organizzata al meglio è quello di riunire in un unico mobile tutti i cibi che non hanno necessità di stare in frigo e, al massimo, avere in aggiunta un mobile con ruote (tipo carrellino) per stoccare le verdure e gli ortaggi di uso frequente.
"Perchè questo è importante?"

Perchè se iniziamo ad avere cibo sparso in più mobili diversi e in più zone è molto più probabile dimenticarsi di avere certi tipi di cibo, si ha difficoltà nel sapere quanto di un certo cibo è rimasto per potere organizzare successivamente al meglio menù e lista della spesa e, in più, avere tutto in un unico mobile ci permetterà di dividere i ripiani per categorie a noi utili per le successive pianificazioni e per prendere in modo più semplice il cibo che mangiamo con maggior frequenza.

Personalmente ho diviso la mia dispensa in 3 ripiani:
il primo è dedicato a tutti i cibi per primi piatti (pasta, riso, cereali integrali, farine fonti di carboidrati).
Il secondo ripiano è dedicato a cibi che possono essere scelti per comporre secondi piatti o contorni e che sono fonti di proteine (legumi secchi, legumi in barattolo, derivati della soia ecc ecc).
Il terzo ripiano è dedicato a cibi che sono scelti per completare piatti o messi a fine pasto nei nostri menù o utilizzati come snack che sono fonti di grassi buoni (frutta secca, arachidi, semi).

Questo è come ho deciso di suddividere i ripiani della mia dispensa ma chiaramente è bene trovare il proprio modo ottimale per la suddivisione.
Aggiungo anche che all'interno della dispensa ho dei cassetti raccoglitori presi da IKEA nei quali ripongo le confezioni ancora da aprire mentre, sul ripiano ma fuori dal raccoglitore, mettiamo le confezioni già aperte che quindi saranno da terminare prima di aprirne di nuove.

Con questo sistema riusciamo ad evitare che si annidino delle tarme del cibo e che delle confezioni rimangano aperte per troppo tempo prima di essere utilizzate del tutto.

Il segreto è partire con un metodo che possa piacerti e farti comodo e poi nessuno ti vieta di cambiare la disposizione in un secondo momento no?

A prescindere da come deciderai di organizzare la dispensa, avere tutto il cibo categorizzato ti permetterà velocemente a colpo d'occhio di capire di cosa hai bisogno di mettere nella lista della spesa con le giuste quantità.
Oltre a questo risparmierai tempo anche per poter pianificare il menù della settimana sapendo bene che cosa hai a disposizione da usare per comporre pasti gustosi.

Organizzazione dei detersivi e cosmetici:
Al pari della dispensa è bene trovare un mobile, un armadio a muro, un sotto-scala o comunque una zona ben delimitata e specifica nella quale mettere tutti i vari prodotti che usi come detersivi per pulire casa, i piatti e anche i cosmetici che usi per lavarti e profumarti.

Perchè?
Perché anche in questo caso avrai la vita molto più facile per quando dovrai creare la lista della spesa, risparmierai tempo per quando avrai finito un certo prodotto e dovrai andarlo a prendere nella zona dove tieni le "scorte".

Oltre a questo ti consiglio di stabilire una quantità ben precisa di prodotti da tenere anche in base a quanto spazio hai a disposizione per non rischiare di fare scorte da previsione apocalittica ritrovandoti la casa invasa di detergenti e profumi che smaltirai in, forse, 3 anni!

Va bene il risparmio ma anche evitare disagi è importante!
Io per esempio ho 1 solo prodotto nella zona di utilizzo (esempio 1 flacone di shampoo, 1 flacone di bagnoschiuma, 1 flacone di

detersivo per piatti e così via) e 1 o massimo 2 flaconi di scorta per ogni prodotto nella zona di stoccaggio (nel mio caso l'armadio a muro).

In questo modo sfrutto al massimo lo spazio a disposizione e posso essere tranquillo quando termino il flacone nella zona di utilizzo perchè posso subito rimpiazzarlo con quello di riserva e metto subito in lista il prodotto per comprarlo alla spesa successiva, magari sfruttando qualche offerta nel negozio di detersivi e cosmetici per poter comprare prodotti validi a prezzi super scontati.

Ti invito a trovare il tuo modo per poter organizzare i cosmetici decidendo una precisa quantità per le scorte e approfittare delle offerte settimanali o mensili presenti nei negozi specializzati in vendita di questa categoria di prodotti.
Molto spesso, proprio in questi negozi, si riescono ad acquistare prodotti validissimi di marche prestigiose con prezzi da discount. Se sei abituato a comprare questa categoria di prodotti nei supermercati ti accorgerai prestissimo di quanto puoi risparmiare andando a comprare questi prodotti a parte.

Organizzazione del guardaroba:

Perché è importante avere ben organizzato il guardaroba e le proprie scorte di vestiti?

Semplice!

Perchè potrai ridurre al minimo le possibilità di comprare troppi vestiti di una categoria (ti ritroverai con il cassetto o la zona dell'armadio che hai deciso di dedicare piena) e ti sarà molto più semplice e veloce individuare di quali vestiti hai bisogno perchè ormai sono troppo usurati o hanno bisogno di un ricambio.

Questo ti permetterà di crearti delle liste che saranno utili da usare durante i saldi o sfruttando al meglio i periodi in cui i vestiti sono in sconto ma senza comprare accessori e vestiario che già hai a sufficienza.

È una sorta di prevenzione su come, erroneamente, il nostro cervello può indurci a spendere di più durante i periodi di sconto comprando più di quanto abbiamo bisogno.

Una volta compreso questo nostro difetto di valutazione, comune a tutti, possiamo usarlo a nostro favore.

Organizzazione e pianificazione delle vacanze e weekend:

Grazie alla tecnologia a nostra disposizione in ogni istante con pochi click o swipe del nostro smartphone, possiamo pianificare evitando di tralasciare ogni piccolo dettaglio le nostre vacanze o i nostri weekend di viaggio.

Applicazioni come Booking, Airbnb, Expedia e Trivago possono darci la possibilità di trovare mete prestigiose o eccezionali a prezzi molto bassi (soprattutto se prenotiamo con largo anticipo o in momenti nei quali la maggior parte delle persone non va in ferie).

La mossa migliore da imparare è quella di usare i filtri e saper cercare le mete utilizzando le parole chiave corrette.

Tieni presente che per il solo fatto di essere presenti su questi siti, gli hotel e le strutture che prenoterai pagano una percentuale e per questo motivo hanno tutto l'interesse nel trattarti al meglio per fare in modo di riaverti come loro cliente senza "passare" dai siti come per esempio Booking.

Per questo motivo, più di una volta, mi è capitato di prenotare un soggiorno in una struttura dalla quale potevo effettuare una cancellazione gratuita e subito dopo chiamare la struttura per chiedere se c'era qualche piccolo vantaggio aggiuntivo se avessi prenotato direttamente da loro senza usare l'applicazione.

E, sono felice di condividere con te questa notizia, il 100% delle volte mi hanno offerto servizi in più a parità di costo della prenotazione (per esempio parcheggio gratuito, colazione gratuita ecc ecc) oppure direttamente un prezzo minore.

Questo si può tradurre in un risparmio di soldi o aumento del valore ricevuto a parità di soldi spesi.
Ti invito a fare la stessa prova per le tue prossime prenotazioni. (Per approfondire meglio ti lascio questo utile link di un articolo di un blog https://tiny.one/guida-booking).

Per poter avere maggiori vantaggi, come già ti ho parlato nella sezione di risparmio per lo svago e i viaggi, puoi iscriverti a canali Telegram che ogni giorno condividono offerte per viaggi in Italia e all'estero a prezzi super stracciati.

Lista della spesa:

Questa è la madre di tutte le liste dalla quale si possono ottenere maggiori vantaggi e forse anche la più famosa!

Con la lista della spesa si può risparmiare decine e decine di euro ogni settimana perché ogni volta in cui entrerai in un supermercato riuscirai ad attenerti ad un piano ben preciso con quantità ben precise del cibo da dover comprare.

Per aumentare l'organizzazione io sono abituato a creare una lista in un'applicazione per smartphone ordinata in base al percorso all'interno del supermercato così da ottimizzare anche il tempo e non dover girovagare troppo per il negozio alla ricerca dei cibi segnati in lista.
Chiaramente ognuno organizza anche questa lista come meglio credo, ma ti assicuro che da quando personalmente la ordino in questo modo ho riscontrato solo ed esclusivamente dei vantaggi.

Altro spunto utile potrebbe essere quello di utilizzare un'applicazione che permetta la sincronizzazione tra più dispositivi per poter aggiornare la lista da diversi componenti della famiglia (per esempio appena un prodotto finisce o ci si accorge che è finito).
Personalmente ne uso una gratuita che si chiama FamilyWall https://tiny.one/familywall.

La stessa app la utilizzo per la lista dei prezzi dei prodotti per unità di misura di cui ti parlerò tra poco, per ora ti sarà sufficiente sapere che è un'applicazione ben fatta, semplice e che permette di condividere molte informazioni importanti tra i componenti della famiglia per poter organizzare meglio le spese e le necessità della propria casa.

Pianificazione del menù della settimana:

Non poteva che essere messa subito dopo la lista della spesa questa pianificazione, no?

Per poter organizzarsi al meglio con il cibo da comprare al supermercato e per rimanere quanto più a lungo possibile in salute, non c'è nulla di meglio che un piano settimanale di menù che a rotazione, a seconda della stagione, avrà delle modifiche soprattutto per la scelta di frutta e verdura.

Oltre ad aiutare sia per il risparmio di denaro che per il risparmio di tempo nel creare la lista della spesa, la pianificazione del menù settimanale vi toglierà l'annoso problema di rispondere alla tediosa domanda "Cosa cuciniamo oggi?".

Mettendo già nero su bianco quello che si andrà a mangiare giorno per giorno, sarà molto più semplice mantenere la giusta via sia per una dieta sana e varia sia per evitare di continuare a consumare cibo d'asporto della pizzeria/rosticceria/fast food vicino a casa.

Personalmente in famiglia usiamo un semplice foglio excel diviso per i vari mesi nel quale possiamo anche aggiungere ricette nuove per poter aumentare sempre di più la varietà dei piatti durante l'anno.
E tu come preferisci procedere?

Lista dei prezzi dei prodotti per unità di misura:

Questo tipo di lista l'ho lasciata volutamente per ultima perchè mi ci sono approcciato solo di recente ma sta dando molte soddisfazioni sia per il risparmio monetario e sia per la comodità di avere tutto disponibile in un elenco sempre con me grazie alla stessa applicazione che uso per creare la lista della spesa.

Voglio spiegare meglio questo tipo di lista perché dal titolo fatico a renderla chiara e semplice.
Questo elenco non è altro che una lista nella quale andrò a segnare ogni prodotto di consumo (al momento lo uso solo per detersivi e cosmetici ma nulla mi vieta di usarlo anche per i cibi) per avere ben chiaro il prezzo unitario migliore che ho pagato fino a quale momento.

Cerco di spiegarmi meglio con un elenco d' esempio:
- **Detersivo Lavatrice - 0,66€ al litro**
- **Ammorbidente Concentrato flacone Grande (circa 3-4 litri) - 1,33€ al litro**
- **Bagnoschiuma- 2,33€ al litro**
- **Shampoo - 3,96€ al litro**

Questi sono i prezzi al litro migliori dei detergenti e cosmetici che ho acquistato e sono tutti validi, con un ottimo potere pulente e un profumo a me gradevole.
Ogni volta in cui entro in un negozio di prodotti cosmetici/detergenti non faccio altro che andare diretto verso i prodotti che sono in offerta o che compro abitualmente e confronto subito il loro prezzo unitario con quelli che mi sono

scritto nel mio elenco personale.

Se hanno un prezzo inferiore a quello che ho scritto non farò altro che comprare il prodotto, segnarmi provvisoriamente il prezzo unitario aggiornato e, una volta provato il nuovo prodotto, mantenere o scartare il prezzo che avevo scritto provvisoriamente a seconda di un mio giudizio personale sulla validità.

In questo modo evito di comprare in modo compulsivo prodotti "solo perchè sono in offerta e di marca" perchè so benissimo quanto sono abituato a pagare per gli stessi prodotti con quella funzione.

Oltre a questo riesco a tenere traccia di una sorta di record dei primati dei prezzi migliori per i prodotti che utilizzo.
Provare per credere!
Si può applicare questa stessa strategia anche per il prezzo dei cibi segnando il prezzo al chilo per esempio.

14. Quali sono i Conti a 0 Spese migliori?

"Non sarà che tutti muoiono perché è gratis?"
Altan

Quale conto corrente scegliere?

Da questo capitolo in poi andremo velocemente alle informazioni essenziali di cui abbiamo bisogno per prepararci al meglio per il risparmio.
Questi capitoli ci serviranno per capire quali strumenti attivare e quali scegliere per massimizzare il risparmio e anche la comodità lungo il nostro percorso di risparmio e successivo investimento.

Partiamo dalla scelta dei conti correnti!

A prescindere dal conto corrente che hai attualmente, come avrai sicuramente capito leggendo i capitoli precedenti, sarà necessario avere almeno 1 conto nel quale far arrivare i risparmi che programmerai in automatico con trasferimenti di denaro periodici come per esempio i bonifici ricorrenti.

Proprio per questo motivo mi sembra essenziale che questo conto risparmio dovrà essere il più possibile a 0 spese.
Attualmente sul mercato ci sono diverse soluzioni a questo nostro "problema" e alcune sono davvero ottime!

Eccone un elenco rapido con relativo link per approfondire:

- **Conto Corrente BBVA:**
  Bonifici online GRATIS
  Canone Annuo GRATIS
  Prelievo ATM altre banche GRATIS

  Link per approfondire ➡ https://tiny.one/conto-BBVA

- **Conto Corrente CRÉDIT AGRICOLE ONLINE:**
  Bonifici Online GRATIS
  Canone Annuo GRATIS
  Prelievo ATM altre banche Primi 24 GRATIS (poi 2,10€ di commissioni)

  Link per approfondire ➡ https://tiny.one/credit-agricole-0

- **Conto Corrente TINABA:**
  Bonifici Online GRATIS
  Canone Annuo GRATIS
  Prelievo ATM altre banche Primi 24 GRATIS (poi 2€ di commissioni)

  Link per approfondire ➡ https://tiny.one/tinaba

- **Conto Corrente N26 Standard:**

  Bonifici Online GRATIS

  Canone Annuo GRATIS

  Prelievo ATM altre banche GRATIS

  Link per approfondire ➡ https://tiny.one/conto-n26

- **Conto Corrente Smart Illimity:**

  Bonifici Online GRATIS

  Canone Annuo GRATIS

  Prelievo ATM altre banche GRATIS 3 al mese per importi = o > a 100€

  Link per approfondire ➡ https://tiny.one/illimity

- **Conto Corrente Standard Revolut:**

  Bonifici Online GRATIS

  Canone Annuo GRATIS

  Prelievo ATM altre banche GRATIS fino a 200€ al mese

  Link per approfondire (con Promozione con cui guadagnare qualche Euro all'attivazione) ➡ https://tiny.one/promo-revolut

In tutti questi 6 conti correnti/carte con IBAN è possibile avere contenitori, o salvadanai, da creare per risparmiare denaro dividendolo per categorie.

In tutte queste sono disponibili numerose statistiche sulle spese fatte e in alcune c'è anche la possibilità di creare delle regole di budget per auto-imporsi dei limiti di spesa mensili.

Oltre a questo c'è la possibilità di effettuare risparmi in automatico

con regole molto semplici come per esempio quella degli spiccioli. La regola degli spiccioli altri non è che il risparmio automatico di tutto ciò che rimane tra quanto speso e il numero intero successivo.
Per esempio se spendiamo 7,35€, con questa regola il nostro conto metterà in automatico da parte 0,65€ per arrivare alla cifra tonda di 8,0€.
Può sembrare poco ma per ogni spesa che effettuiamo alla fine del mese sarà un bel gruzzoletto del quale ci accorgeremo presto!

Questi sono i principali conti correnti o carte con IBAN a costo 0 e non solo per offerte limitate nel tempo (nel momento in cui scrivo) ma che lo sono già da mesi o addirittura anni.

Chiaramente prima di decidere quale utilizzare ti invito a verificare che sia tutto ancora a costo 0 e magari chiedere a qualche tuo conoscente che già usa uno di questi conti come si trova (magari chiedendo di mostrarti l'interfaccia dell'applicazione mobile per farti un'idea più chiara).

A prescindere da quale conto sceglierai, l'importante sarà rispettare le regole per il risparmio e il trasferimento ricorrente di denaro dal tuo conto corrente principale nel quale ricevi stipendio o compensi per poter avviare le migliori strategie.

15. Quali sono le App migliori per risparmiare?

"Nessun metodo come metodo, nessun limite come limite."
Bruce Lee

Quali armi scegliere per la tua battaglia?

Eccoci giunti ad un altro importante capitolo nel quale elencherò quelle che ritengo le migliori applicazioni per smartphone per aiutarti nel risparmio di tutti i giorni e nel tenere traccia delle tue spese ed entrate.

Per chiarezza classificherò queste applicazioni in modo schematico creando delle categorie specifiche.
Tutte queste applicazioni sono gratuite per le funzioni di base che io ritengo essenziali ma alcune potrebbero essere a pagamento in abbonamento o pagamento una tantum per delle funzioni premium (per esempio il collegamento diretto al proprio conto bancario per tracciare al meglio i movimenti).
Nella breve descrizione metterò solo le funzioni disponibili con i piani gratis.

Applicazioni per tracciare uscite ed entrate:

- **Monefy:**
  Riepilogo spese con grafici chiari
  Divisione per categorie di entrate ed uscite
  Possibilità di esportazione report in .csv (leggibile da Excel)

- **Toshl Finance:**
  Riepilogo spese con grafici chiari
  Divisione per categorie di entrate ed uscite (con possibilità di aggiungerne di personali)
  Possibilità di esportazione report in .csv (leggibile da Excel)

- **Wallet Controllo Budget:**
  Riepilogo spese con grafici chiari, statistiche leggibili in modi diversi (prospetto, flusso di cassa, diagramma torta, %)
  Divisione per categorie di entrate ed uscite (con possibilità di aggiungerne di personali)
  Possibilità di salvare pagamenti ricorrenti (esempio affitto, mutuo, asilo, sport ecc)
  Possibilità di stabilire obiettivi finanziari
  Possibilità di aggiungere carte fedeltà dei supermercati
  Possibilità di aggiungere garanzie dei prodotti acquistati
  Possibilità di esportazione report in .csv (leggibile da Excel), pdf o .xls

- **Gestione delle spese, budget:**
  Riepilogo spese con grafici chiari
  Divisione per categorie di entrate ed uscite (con possibilità di aggiungerne di personali)
  Possibilità di salvare pagamenti ricorrenti (esempio affitto,

mutuo, asilo, sport ecc)
Possibilità di esportazione report in .csv (leggibile da Excel).

Applicazioni per risparmiare nella spesa al supermercato:

- **Stocard:**
  Fantastica applicazione per scannerizzare ed unire tutte insieme le tessere fedeltà che hai di tutti i vari supermercati. In questo modo libererai spazio nel portafoglio non dovendovi portare tonnellate di tessere di plastica!
  Con 2 semplici tap sull'applicazione riuscirai ad avere pronta in 2 secondi la tessera che ti serve del supermercato nel quale stai facendo spesa.
  Ottima la funzione che in base alla tua geolocalizzazione ti mette già pronte (come notifiche) le carte che hai del supermercato più vicino.
  Per alcuni negozi sono disponibili anche i volantini con le offerte ma questa funzione non è il massimo perchè questa applicazione non nasce per risolvere questo problema.
  Provare per credere!

- **FamilyWall:**
  Applicazione tuttofare e vero cuore pulsante di una famiglia organizzata al meglio in tutto.
  Questa applicazione permette di scambiarsi messaggi (tipo messaggi sulla lavagnetta se già non avete chat di famiglia su whatsapp), creare liste, segnare appuntamenti sul calendario, aggiungere foto in galleria, inserire un ricettario e tutto questo in modo condiviso con tutti i componenti della

cerchia familiare in modo tale da avere tutti gli stessi dati sincronizzati in tempo reale.

Noi la usiamo principalmente per creare la lista della spesa, tenerci la lista dei prodotti con i prezzi unitari (vedi capitolo precedente dedicato), lista attività/commissioni da fare per la famiglia e segnare gli appuntamenti/impegni sul calendario.

Questo ci permette di essere sempre aggiornati, non dimenticarci i vari impegni.

Ci sono alcune funzioni che ancora non abbiamo mai usato ma che sono comunque presenti nella versione gratis.

È da provare anche questa per almeno un mesetto per vedere quante cose riesce bene a facilitare.

- **DoveConviene:**

Applicazione utilissima per poter controllare in un colpo solo una marea di volantini di offerte dei vari supermercati alimentari, di tecnologia, cosmetici e tutte le categorie che stampano con regolarità volantini ogni settimana o mese. Oltre a poter sfogliare il volantino, è possibile salvare i prodotti che si intendono comprare e, solo per alcuni volantini compatibili, è possibile ricercare il prodotto che si desidera all'interno come se stessimo cercando con Google. Una volta salvato il prodotto, l'applicazione creerà in automatico una specie di lista della spesa con il riepilogo delle quantità e del costo totale di quanto intendiamo comprare.

Se vuoi programmare al meglio la tua "battuta di caccia" tra gli scaffali, questa è l'applicazione che ti aiuta a capire cosa prendere con precisione senza vagare a vuoto nei negozi.

- **Proporzioni:**

  Questa applicazione potrebbe essere superflua se siamo molto pratici di calcoli matematici e potrebbe essere sostituita con una normale calcolatrice.
  Tuttavia con questa applicazione è molto rapido e immediato calcolare per esempio un prezzo al litro/chilo tra 2 prodotti diversi che hanno prezzi diversi e quantità diverse.

  Molto spesso i produttori creano confezioni che danno l'illusione di flaconi più grandi o capienti (sfruttano la geometria allungando i flaconi o "schiacciandoli" per farli sembrare più capienti) e soprattutto ben diversi da altri prodotti della stessa categoria.

  Non dobbiamo farci fregare e dobbiamo controllare bene il prezzo unitario e, se non dovesse essere scritto in modo chiaro, ci basterà usare questa applicazione per calcolare le proporzioni partendo da prezzo del prodotto e contenuto in millilitri, litri, grammi, chili.
  Per fare un confronto tra due prodotti basterà mettere il prezzo nella variabile 'a' dell'app, il contenuto in unità (per esempio ml nel caso dello shampoo) nella variabile 'b', andremo a spuntare la variabile 'c' (apparirà una 'x') e ad inserire il contenuto in unità (deve essere la stessa dell'altro prodotto) nella variabile 'd' e poi clicchiamo su CALCOLA.
  In questo modo il risultato sarà il prezzo che avrebbe il primo prodotto se la quantità fosse la stessa del secondo prodotto.
  Proviamo con un esempio pratico:

Prodotto A ➡ 250 ml Prezzo 3,99€

Prodotto B ➡ 375 ml Prezzo 4,99€

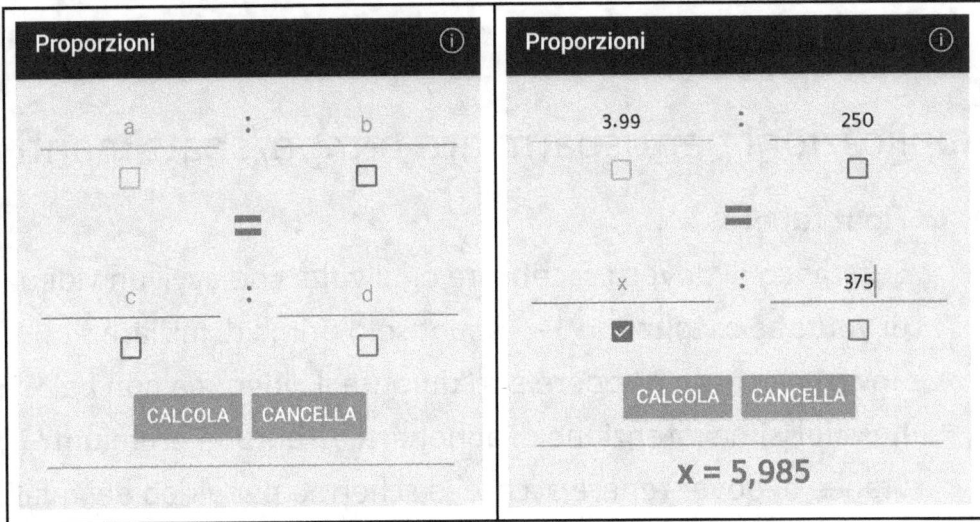

Con questo esempio abbiamo provato a vedere se è più conveniente comprare il prodotto A o il prodotto B.
Se ci fosse un flacone del prodotto A con lo stesso contenuto del B (quindi 375ml), dovrebbe costare 5,98€.
Siccome il prodotto B costa solo 4,99€, vuol dire che è più conveniente e avrà sicuramente un prezzo inferiore al litro del prodotto A.
Questo tipo di calcoli si possono fare anche per calcolare la quantità esatta di un certo ingrediente per preparare delle ricette quando abbiamo intenzione di fare più porzioni di quante indicate in ricetta o per esempio quando abbiamo un po meno farina e vogliamo capire come dosare tutti gli altri ingredienti.
Nulla che non si possa fare con 2 calcoli con una calcolatrice ma qui in un passaggio unico otteniamo quello che vogliamo. Risparmio di tempo e volendo di soldi quando capiamo quale prodotto conviene più degli altri.

Applicazioni per risparmiare tempo/sbattimenti

- **Float tube:**

    Sei stanco di doverti sacrificare ogni volta che avvii un video di youtube ascoltando 1-2-3 spot solo prima di iniziare e doverne sentire e vedere altri durante il video ma non hai nessunissima intenzione di abbonarti a Youtube premium? Stanco di dover tenere acceso lo schermo per video dei quali ti interessa solo la parte audio?
    Con questa applicazione riuscirai a risolvere entrambi questi problemi finalmente!
    Con Float Tube potrai spegnere lo schermo del cellulare pur continuando a sentire allo stesso volume e qualità il video che hai avviato e dovrai "sopportare" solo UNO spot pubblicitario all'apertura dell'applicazione per non avere più a che fare per tutta la durata dell'utilizzo di questa applicazione.
    La utilizzo da ormai 2 anni e mi sono sempre trovato molto bene, soprattutto per poter ascoltare i video dei quali non ho nessun interesse nel vedere la parte visuale, risparmiando così batteria del cellulare e tempo per selezionare "Salta Annuncio".

- **Svuotafrigo:**

  Cosa si mangia oggi?

  E stasera?

  Che cosa preparo tra 2 giorni?

  Mi è rimasto solo X, Y e Z, cosa posso preparare?

  Con questa applicazione potrai risolvere questi piccoli problemi di tutti i giorni risparmiando tempo, sbattimento e ottimizzando i costi perchè potrai trovare ricette a partire dagli ingredienti che hai a disposizione.

  Questa app ha infatti un motore di ricerca interno che ti mostrerà le ricette divise per piatti (primo, secondo, contorno, dessert) oppure in base agli ingredienti che hai a disposizione tramite un filtro.

  E le ricette le andrà a cercare grazie a Google prendendole da vari blog, siti e portali pieni zeppi di ricette evitando lo sbattimento di cercare e ricercare come un disperato/a tra le varie pagine di google.

  Applicazione semplicemente "Antisbattimento" ☐

- **Todoist:**

  Questa è una delle migliori applicazioni scaricate, recensite (e usata anche da me da anni ormai) per crearsi liste e promemoria delle cose da fare nella giornata o con una programmazione giornaliera/settimanale/mensile.

  Le notifiche arrivano sia nella barra delle notifiche che via email e sono così fastidiose che vorrai portare a termine i compiti che ti sei imposto/a di svolgere anche solo per toglierle di mezzo e vedere con soddisfazione la marea di righe svanire e finire nella lista dei compiti fatti e finiti.

  App adatta a tutte le persone che vogliono organizzazione e

anche un pò di fiato sul collo!

- **Brave Browser:**

Questo Browser permette di risolvere uno dei problemi più fastidiosi per tutte le persone che usano spesso il web.
Gli annunci e le finestre pop-up che si aprono in automatico e in modo fastidioso a seconda di dove muoviamo il cursore o a seconda delle pagine che visitiamo o delle azioni che svolgiamo all'interno di una pagina.
Con questo browser avrete integrato di default uno scudo che ti permetterà di risparmiare tempo, MegaByte (con il tempo diventeranno anche GigaByte) che avremmo sicuramente sprecato per visualizzare e chiudere annunci di cui non ci interessa nulla.
Per di più permette di accumulare una Criptomoneta (il BAT Basic Attention Token) che ha un valore convertibile in euro e quindi potrai anche arrotondare qualcosa dopo una serie di ricerche fatte in giorni e mesi (non diventerai certamente ricco con questi spiccioletti ma comunque meglio averne in più che in meno no?).

Applicazioni per risparmiare nello shopping online:

- **Keepa:**

Di questa applicazione ho accennato qualcosa in uno dei primi capitoli perché è veramente una bomba.
È un app dedicata al tracciamento dei prezzi degli articoli in vendita su Amazon con ogni estensione (.it, .com, .fr ecc ecc).
Torna molto utile per 2 motivi:
primo perché ci permette di scoprire quanto è variato il

prezzo di un articolo che ci interessa comprare negli ultimi anni (perchè si, il prezzo dei prodotti cambia anche di molto durante l'anno) e,

secondo motivo, ci permette di risparmiare molto sul prezzo che vediamo in questo momento, a volte anche il 60/70% sul prezzo più alto raggiunto.

Oltre a questa bellissima funzione, questa App ha la possibilità di creare notifiche per poterci avvertire appena il prezzo di un prodotto che ci interessa scende sotto una certa soglia o sotto una certa percentuale rispetto ad un prezzo che fissiamo noi.

Ci permette anche di "sorvegliare" i prodotti usati in ottime condizioni di Amazon che sono tutti i prodotti restituiti ad Amazon in perfette condizioni e resi solo per errori d'ordine o perché semplicemente il cliente finale si è reso conto che il prodotto non gli serviva veramente.

Questo tipo di prodotti permetterà un ulteriore risparmio, sempre se intendiamo fidarci della garanzia di Amazon. Altrimenti ci possiamo "accontentare" di prendere i prodotti che ci interessano a prezzi scontati o tra i più bassi degli ultimi mesi grazie alle notifiche utilissime dell'applicazione.

- **Aliexpress/Wish:**

Ho messo ben due applicazioni di e-commerce di merce proveniente principalmente dalla Cina per motivi ben specifici.

Purtroppo o per fortuna, a seconda di come la si vuole vedere, la maggior parte dei prodotti che sono venduti su Amazon provengono e sono fabbricati in Cina e molto spesso i venditori Amazon non fanno altro che comprare prodotti su siti come Aliexpress/Wish, marchiarli e rivenderli su Amazon

con una piccola differenza oltre al Brand...il Prezzo maggiorato anche del 300%.
A seconda dell'articolo che intendiamo comprare, questi rivenditori alzano il prezzo per potersi pagare le spese di spedizione, di organizzazione e branding dell'articolo.
Oltre a questo nel prezzo maggiorato è compreso il privilegio di ricevere l'oggetto nel giro di 24/48h come Amazon ci ha abituati da tempo.
Se siamo interessati ad un prodotto ma per il quale non abbiamo urgenze super impellenti, possiamo cercarlo utilizzando la ricerca tramite immagini in una delle due applicazioni, partendo proprio dalle foto caricate su amazon. Con grande stupore potremo scoprire che molti prodotti sono presenti, con le stesse foto, proprio negli altri due e-commerce ma con prezzi ben diversi.
A questo punto starà a noi decidere se risparmiare molti soldi portando pazienza qualche giorno in più o se meglio cedere alla tentazione di avere l'oggetto a casa nel giro di poche ore.
A te la scelta!

- **Subito.it:**
Questa applicazione permette di trovare e vendere una miriade sconfinata di oggetti e articoli di ogni categoria e tipo.
Se avessimo oggetti inutilizzati da tempo e volessimo arrotondare un pò potremmo tranquillamente creare un annuncio per poter mettere in vendita ad altri privati quello che a noi non serve più.
Dal lato risparmio invece potremo trovare ottime occasioni di oggetti inutilizzati di altri ma che sono in ottimo stato e per i quali i venditori chiedono meno della metà del loro valore.

Proprio in questo modo sono riuscito a trovare vari attrezzi e componenti per la mia Home Gym che sono riuscito ad allestire in garage.
Ho speso meno di un abbonamento annuale in palestra e ho tutti i principali attrezzi per poter svolgere allenamenti completi tutti gli anni che voglio!

E con queste ultime applicazioni abbiamo concluso anche questo capitolo.
Come sempre ti ricordo che questi sono solo alcuni dei tanti strumenti disponibili per poter risparmiare e organizzarci al meglio.

Ti invito ad esplorare e provare nuove applicazioni perdendoti nei meandri degli store per app,

Ci sono ottime applicazioni che sono disponibili gratuitamente e che, bravissimi sviluppatori, hanno creato per poter organizzare al meglio le proprie giornate e impegni risparmiando preziose risorse. Ora tocca a te scegliere quali fanno più al caso tuo o quali alternative preferisci a quelle proposte.

16. Strategie finali

"Gli strateghi vittoriosi hanno già trionfato, prima ancora di dare battaglia.

I perdenti hanno già dato battaglia, prima ancora di cercare la vittoria."

<u>Sun Tzu</u>

Quali armi sono le più affilate?

Esordisco dando una risposta diretta a questa domanda del sottotitolo.
La risposta è: **DIPENDE!**

Può sembrare una risposta un pò generale ma è assolutamente la più corretta e ti spiego il perchè!

Le armi più affilate da usare come strumenti per le tue strategie di risparmio dipendono da vari fattori, ma fra tutti, quello che conta di più è proprio il tuo stile di vita e le tue abitudini.

Non posso di certo conoscere ogni singola persona che potrà acquistare questo libro e, anzi, mi auguro che questo libro possa essere acquistato da molte persone che nemmeno conosco per poter condividere tutta quella che è stata la mia esperienza in anni di tentativi ed errori e, perchè no, poter prendere spunti dai commenti e recensioni a questo libro per poter migliorare ancora.

Il proprio stile di vita è cruciale per capire su quali strategie e strumenti è meglio puntare per tagliare le spese e aumentare la resa dei nostri soldi.

Detto questo posso andare un pò più nello specifico e suggerire qualche strategia che universalmente può tornare utile a chiunque di noi per il semplice fatto che chiunque di noi ha queste abitudini collegate alle strategie che condividerò nelle prossime righe.

Iniziamo!

Come avere Cashback ed investimento istantaneo immediato?

Può sembrare pura eresia ma in un solo colpo è possibile avere un cashback per quasi qualsiasi spesa (sono escluse bollette e alcuni pagamenti della pubblica amministrazione).
Questo cashback può variare da un 1% fino a all'8%!
Magia nera?! Super offerta che dura solo per pochissimo tempo?!
NO!
Nulla di tutto questo.
Quello a cui mi riferisco è una carta del circuito Visa che è ricaricabile con bonifico che permette di avere un cashback a seconda della carta scelta.
Questi soldi che ci tornano indietro dalle nostre spese, l'applicazione collegata a questa carta li "investe" direttamente restituendoci una Criptomoneta.

Noi potremo decidere se tenerci le cryptomonete oppure scambiarle in Euro e incassare il cashback con un versamento nel nostro conto corrente o semplicemente ricaricando la carta.
La percentuale di cashback è variabile perchè dipende da quanti soldi abbiamo intenzione di mettere in deposito (Stacking nel gergo tecnico delle cryptomonete).

Senza complicare troppo le cose, è sufficiente iscriversi al sito che gestisce questa preziosa opportunità, decidere quanti soldi vogliamo lasciare in deposito e quindi scegliere quale carta farci recapitare a casa da poter utilizzare nei nostri pagamenti.

Il mio consiglio è di selezionare ALMENO la carta Ruby (che corrisponde al 2%) che attualmente necessità di un deposito di 350€.
Questi soldi non li avrai persi per sempre ma ti verranno semplicemente convertiti nella criptomoneta del sito (CRO) e tenuti fermi in deposito per 6 mesi.

Finito questo periodo ti verrà richiesto di tenere in deposito la stessa cifra per poter continuare ad usufruire dei vantaggi della carta.

Ne vale la pena?

Io direi proprio di si, la uso ormai da agosto 2021 e non ho mai avuto nessun ritardo o problema di qualsiasi tipo per utilizzarla nei pagamenti.

Per poter aumentare tutti questi vantaggi, puoi effettuare

l'iscrizione con il mio codice personale che è https://tiny.one/carta-cashback.

Tramite l'iscrizione con questo codice avrai diritto a ricevere 25$ (circa 22€) dei quali potrai decidere di fare quello che ne hai voglia se deciderai di scegliere almeno la carta Ruby (personalmente ho scelto e ho tutt'ora proprio questa carta ma tutt'ora mi mangio le mani per non aver scelto quella superiore che dà diritto a molti più vantaggi e un 3% di cashback).

In più se scegli almeno la carta Ruby, avrai l'abbonamento di Spotify.com interamente rimborsato ogni mese se lo paghi con questa carta (sono 12,99€ al mese che ti vengono rimborsati interamente).

Come risparmiarsi la fatica di boccioni di acqua e risparmiare centinaia di € all'anno?

Con una pratica soluzione che ti permetterà di evitare il viavai costante di comprare casse e casse d'acqua per dover buttare decine e decine di bottiglie di plastica ogni mese.

Pensaci bene.

Per poter bere acqua potabile, che magari è di poco diversa da quella del tuo rubinetto di casa, ogni settimana, compriamo casse dal peso di almeno 9 kg l'una, per poter avere un'autonomia di 4 giorni a persona (quindi una famiglia di 4 persone consumerà in media 4 casse negli stessi giorni).
Una volta bevuta tutta quell'acqua (ho tenuto una media di 2 litri al giorno che è il minimo per poter stare correttamente idratati), dovremo buttare montagne e montagne di plastica.

La soluzione?
Bere acqua del rubinetto, oppure, se volessimo avere maggior sicurezza, installare un piccolo depuratore ad osmosi inversa che sta comodamente nello zoccolo nel sotto lavello dal nostro idraulico di fiducia.
Effettivamente ci costerà qualcosa (intorno ai 5/600€), ma il costo verrà ripagato in 1 anno o massimo 1 anno e mezzo a seconda di quante persone popolano la famiglia.

Se infatti calcoliamo un costo medio di 0,25€ al litro per l'acqua che beviamo e ipotizziamo di consumarne 2 litri a testa ogni giorno, scopriamo che in un anno spendiamo 182,5€ a testa. Basta moltiplicare questa cifra per 4 persone e arriviamo ad un totale di 730€!

Se vivi in una famiglia composta da 4 persone, avrai recuperato la spesa del depuratore già in un anno e dal secondo anno risparmierai questi 730€, potrai bere acqua depurata, controllata e senza dover spostare pesi e bottiglie vuote in continuazione ogni settimana!

Anche per questo tipo di risparmio porto la mia personale esperienza che è ottima da ormai 7 anni (dal 2015).
L'unico costo da sostenere è rappresentato dalla pulizia o cambio membrane che si aggira intorno agli 80/100€ ogni 2 anni.

Come comprare un'auto quasi nuova in supersconto?

Altra spesa che prima o poi ognuno di noi dovrà sostenere è quella dell'auto.
Cosa penseresti di me se ti dicessi che c'è un modo per poter acquistare un auto ad un chilometraggio bassissimo, controllata e tagliandata regolarmente dai meccanici autorizzati dalla casa madre che costa anche il 40/50% del prezzo da nuova?
Forse potresti pensare che sia una bellissima barzelletta o che ti stia prendendo in giro...e invece NO!

Grazie a reti di concessionari che trattano proprio questo tipo di acquisti, si può acquistare le auto che vengono date in noleggio a lungo termine alle aziende sparse per il territorio italiano.

Queste auto vengono date in "prestito" alle aziende che pagano una sorta di abbonamento mensile o annuale, per poterle utilizzare per i propri dipendenti e per le quali hanno manutenzione ordinaria e straordinaria compresa nell'abbonamento.
Per ogni contratto stipulato viene deciso un chilometraggio massimo da dover percorrere in un certo tempo e, una volta raggiunto il chilometraggio o il tempo stipulato, l'azienda dovrà restituire l'auto alla società di leasing.

È proprio qui che l'auto si trova ad avere qualche anno (di solito non più di 3) ma pochi chilometri e, in questo momento la società di leasing tende a venderla a concessionari che si occuperanno di rivendita verso privati o altre aziende.

In questo modo l'auto si ritroverà ad avere pochi chilometri fatti in pochi anni e tutti i controlli e manutenzioni eseguite con regolarità dalla società di leasing.

Tutto questo permette di poter comprare un auto ben tenuta, ad un prezzo molto più basso rispetto alla vendita dell'auto nuova e, per di più, con una garanzia che copre qualsiasi tipo di problema riscontrato nel primo anno dall'acquisto.

Con questa strategia potrai ottenere un'auto pressoché nuova ad un prezzo da usata classica, con garanzie e sicurezza della veridicità del chilometraggio effettuato.

Conclusioni

In conclusione voglio che ti sia chiara l'importanza di avere o installare l'abitudine del risparmio nella tua vita quotidiana per poter gestire al meglio le tue risorse nel presente ma soprattutto nel futuro.

Se è vero che *"Del doman non v'è certezza .."*, potremo essere noi stessi degli artefici in negativo del nostro futuro se oggi stesso non prendiamo decisioni e agiamo di conseguenza per poter stare a galla in caso di imprevisti.

Come chiaramente avrai capito leggendo tutto quello che ho scritto in questo libro, non sono dell'idea che bisogna vivere una vita solo di piaceri e soddisfazioni a breve termine.
D'altra parte se sei giunto fino a questa parte del libro, dubito fortemente che tu abbia questa visione edonistica della vita…e questo è un libro che parla di Risparmio e non una candid camera!
☺

Questo non vieta assolutamente a nessuno di noi di poter godere dei piaceri della vita, concedendosi quello che più di tutto ci rende felici.

Come ogni cosa, c'è un tempo e una giusta misura anche per questi grandi piaceri e saper amministrare al meglio le proprie risorse economiche ci permette di vivere con maggior consapevolezza e sensi di colpa azzerati i momenti più soddisfacenti.

Cosa ne pensi di tutto quello che hai letto finora?
Se ritieni ci possa essere qualcosa di utile o qualche argomento che vorresti sia trattato in modo più approfondito, ti chiedo di lasciarmi un tuo feedback tra le recensioni di Amazon.

Questo potrà essermi di grande aiuto per capire se sarà necessario scrivere un altro libro più specifico su un certo argomento e poter leggere le tue impressioni su questo che è giunto ora al termine.

Ti auguro una vita ricca, piena di soddisfazioni e colma di consapevolezza per poterle riconoscere e assaporare al meglio!

www.ingramcontent.com/pod-product-compliance
Lightning Source LLC
Chambersburg PA
CBHW052332220526
45472CB00001B/382